智能制造
典型场景库建设报告

Report on the Construction of a Typical
Scenario Library for Intelligent Manufacturing

钟　陈　叶宣辰　周　阳 ◎ 编著

智能制造系统解决方案供应商联盟江苏分盟
中国电子技术标准化研究院华东分院

南方出版社
· 海口 ·

图书在版编目（CIP）数据

智能制造典型场景库建设报告 / 钟陈，叶宣辰，周阳编著. -- 海口：南方出版社，2024.7. -- ISBN 978-7-5501-9148-8

Ⅰ.F426.4

中国国家版本馆 CIP 数据核字第 2024TF8086 号

智能制造典型场景库建设报告
ZHINENG ZHIZAO DIANXING CHANGJINGKU JIANSHE BAOGAO

钟陈 叶宣辰 周阳 ◎ 编著

责任编辑：任才杰
出版发行：南方出版社
地　　址：海南省海口市和平大道 70 号
邮　　编：570208
电　　话：0898-66160822
传　　真：0898-66160830
经　　销：全国新华书店
印　　刷：广东虎彩云印刷有限公司
版　　次：2025 年 1 月第 1 版
印　　次：2025 年 1 月第 1 次印刷
开　　本：787mm×1092mm　1/16
印　　张：14
字　　数：144 千字
定　　价：98 元

编委会名单

主 任：

钟　陈　//　中国电子技术标准化研究院华东分院

叶宣辰　//　中国电子技术标准化研究院华东分院

周　阳　//　中国电子技术标准化研究院华东分院

副主任：

杨　静　//　中国电子技术标准化研究院华东分院

夏　倩　//　中国电子技术标准化研究院华东分院

王姗姗　//　中国电子技术标准化研究院华东分院

成　员：

张星星　//　中国电子技术标准化研究院华东分院

王志坚　//　河海大学

郭　宇　//　南京航空航天大学

王程安　//　中国电子技术标准化研究院

吴高清　//　雅迪科技集团有限公司

孙彩勋　//　雅迪科技集团有限公司

钦厚国　//　雅迪科技集团有限公司

彭爱军　//　中国质量认证中心南京分中心

马　骏　//　中国质量认证中心南京分中心

赵峻莉　//　中国电子技术标准化研究院华东分院

魏爱鹏　//　中国电子技术标准化研究院华东分院

冷　鹏　//　中国电子技术标准化研究院华东分院

孙诗晨　//　中国电子技术标准化研究院华东分院

孙杨扬　//　中国电子技术标准化研究院华东分院

郎俊奇	//	中国电子技术标准化研究院华东分院
林　佳	//	中国电子技术标准化研究院华东分院
潘胜利	//	江苏新日电动车股份有限公司
刘召杰	//	深圳蜂巢互联（南京）科技研究院有限公司
丁　亮	//	南京维拓科技股份有限公司
徐志钧	//	中国质量认证中心南京分中心
徐德欣	//	中国质量认证中心南京分中心
徐一鸣	//	中国质量认证中心南京分中心
曹旻昊	//	中国质量认证中心南京分中心
赵　强	//	深圳蜂巢互联（南京）科技研究院有限公司
孙　妍	//	雅迪科技集团有限公司
程建兵	//	雅迪科技集团有限公司
潘　进	//	苏州工业园区格比机电有限公司
王道营	//	江苏省农科院农产品加工所
马　龙	//	浪潮工业互联网股份有限公司

由丽颖	//	苏州市好得睐食品科技有限责任公司
李中运	//	南京桂花鸭（集团）有限公司
丁海波	//	苏州市味知香食品股份有限公司
朱作武	//	浪潮工业互联网股份有限公司
曾令国	//	南京乐鹰科技股份有限公司
高梯学	//	江苏格罗瑞节能科技有限公司
王静安	//	江南大学
朱家杰	//	江苏中天互联科技有限公司
黄云峰	//	江苏国望高科纤维有限公司
焦提兵	//	开心码数字科技（江苏）有限公司
张金波	//	昆山同日工业自动化有限公司
杨卫诚	//	无锡信捷电气股份有限公司
刘光宇	//	兰干集团
杨康康	//	无锡经纬纺织科技试验有限公司
盖仁利	//	苏州中科飞梭智能技术有限公司

内容摘要

为贯彻落实《"十四五"智能制造发展规划》，凝聚行业转型升级共识，推动制造业实现数字化转型、网络化协同、智能化变革，分行业分领域提升智能制造水平，中国电子技术标准化研究院华东分院联合相关单位共同编写了《智能制造典型场景库建设报告》。报告的研究内容立足制造本质，紧扣智能特征，依托制造单元、车间、工厂、供应链等载体，梳理电动自行车、预制菜、纺织行业的智能制造场景库，旨在为政、产、学、研、用各方组织开展智能化改造和数字化转型工作提供参考。

本报告以电动自行车、预制菜、纺织行业的智能制造场景梳理为导向，聚焦行业生产特点、场景痛点、建设思路等方面，给出电动自行车、预制菜、纺织行业智能制造场景库及其应用价值。

下一步，我们将持续推动细分行业智能制造场景的理论研究和技术研究，在电动自行车、预制菜、纺织行业等行业智能制造场景库的基础上持续完善多行业的顶层设计，持续开展应用场景探索。欢迎更多产学研用单位积极加入我们，为江苏省智能化改造和数字化转型建言献策，共谋江苏制造业发展新篇章。

目录

第一篇　　　　　　　　　　　　　　　　　　　　1

第一章　电动自行车行业概述 ……………………………1

第一节　电动自行车行业发展背景 ………………………1

第二节　电动自行车制造的内涵与特征 …………………3

第三节　电动自行车制造面临的挑战和新机遇 …………4

第二章　电动自行车智能制造场景矩阵 …………………9

第一节　工厂设计 ………………………………………10

第二节　产品设计 ………………………………………12

第三节　计划与调度 ……………………………………16

第四节　生产作业 ………………………………………18

第五节　仓储配送 ………………………………………23

第六节　质量管控 ………………………………………27

第七节 设备管理···33
第八节 能源管理···37
第九节 售后服务···41
第十节 供应链管理···47

第三章 电动自行车典型智能场景·································52
第一节 电动自行车智能制造场景来源与分类·········52
第二节 电动自行车智能制造场景的特点和优势·······54

第四章 电动自行车行业智能制造解决方案现状分析············56
第一节 整体解决方案服务商·······························57
第二节 工业软件服务商······································62
第三节 智能装备服务商······································66

第五章 电动自行车行业小结···70

第二篇 71

第一章 预制菜背景介绍···71
第一节 预制菜行业发展背景·······························71
第二节 预制菜生产的内涵及特征·························73
第三节 基于 CMMM 的江苏省预制菜行业痛点分析···76
第四节 预制菜制造面临的挑战和新机遇··············79

第二章 预制菜行业智能制造场景矩阵 ········· 83

第一节 智能装备 ········· 84
第二节 计划调度 ········· 84
第三节 生产作业 ········· 85
第四节 质量管控 ········· 85
第五节 设备运维 ········· 86
第六节 安全环保 ········· 87
第七节 营销管理 ········· 87
第八节 供应链管理 ········· 88

第三章 预制菜行业典型智能场景 ········· 89

第一节 预制菜智能场景来源与作用 ········· 89
第二节 预制菜智能场景的特点 ········· 91
第三节 预制菜行业智能场景 ········· 93

第四章 预制菜行业小结 ········· 116

第三篇   119

第一章 纺织行业转型升级势在必行 ········· 119

第一节 纺织行业发展背景 ········· 119
第二节 纺织行业的痛点堵点 ········· 120

第二章 纺织行业智能制造发展阶段············122
第一节 纺织行业智能制造水平分析············123
第二节 纺织企业智能制造发展五大需求············127

第三章 纺织行业典型智能场景············129
第一节 纺织行业智能制造场景来源与作用············129
第二节 纺织行业智能制造场景的特点············131

第四章 纺织行业智能制造场景矩阵············134
第一节 纺织行业通用型场景············135
第二节 化纤领域············140
第三节 纺纱领域············149
第四节 织造领域············155
第五节 非织造领域············161
第六节 印染领域············164
第七节 服装领域············170
第八节 家纺领域············180

第五章 纺织行业小结············187

附录 **189**
一、技术缩略语············189
二、预制菜核心智能装备············193

第一篇

第一章　电动自行车行业概述

■ 第一节　电动自行车行业发展背景

电动自行车是消费品行业的重要组成部分，是满足人民群众健康出行的民生产业，也是绿色环保、拥有高度自主产权的民族产业。自1995年第一辆轻型电动车问世至今，二十余年间，电动自行车行业经历了起步阶段、初步规模化阶段、高速发展阶段、成熟阶段、《电动自行车安全技术规范》（简称"新国标"）实施阶段共五大发展阶段，实现了从无到有，再到千亿规模的跨越式发展，取得了瞩目的发展成就。目前，电动自行车已成为中国居民短程出行最为重要的民生交通工具之一，中国也已成为世界上最大的电动自行车生产、消费和出口国。

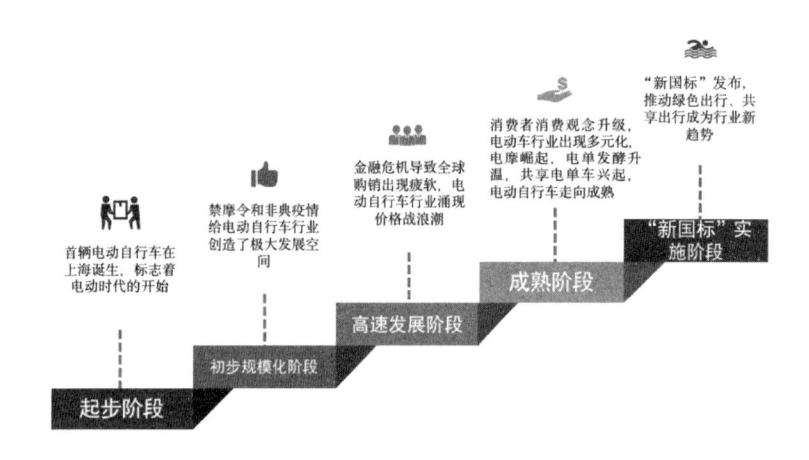

图 1-1　电动自行车行业五大发展阶段

江苏省是电动自行车生产与消费大省，拥有雅迪、新日等一大批知名电动车品牌，这些企业最早多成立于苏南地区经济发达的无锡、常州等市，凭借着海量的终端消费市场、得天独厚的区位优势以及资金、技术优势，行业呈现集群化飞速发展态势，行业规模也位居全国前列。近年来，江苏省高度重视电动自行车行业发展，积极推动电动自行车行业"三品"建设行动，打造轻量化、网联化、智能化的电动自行车，推动工业绿色发展。江苏省十三届人大常委会第十六次会议审议通过了《江苏省电动车自行车管理条例》，规范了江苏省内电动自行车的生产、销售、维修、停放以及退出等电动自行车全产业链，加快推进产业改造步伐。

第二节 电动自行车制造的内涵与特征

电动自行车一般由电气系统、操纵系统、装饰件部分、车体件部分、随车附件组成,生产模式主要为流水线装配,生产工艺流程较为简单。大量的生产工序靠人工执行,设计、生产管理信息化软件应用水平偏低,与其他制造业相比较,电动自行车行业的生产制造存在一些问题:

(1) 劳动密集度较大

电动车行业是典型的离散制造业,以多品种小批量的生产模式居多,且企业自动化设备应用水平偏低,装配标准化不高,具有难以复制和模块化生产的特点。生产作业呈劳动密集型特征,对人力的依赖程度较高,对劳动者的熟练程度要求也很高,工人劳动强度大,人员流动率较大。

(2) 产品同质化严重

近年来,电动自行车产业快速发展,产业规模扩大,但产品车型品种和技术同质化倾向明显,企业以组装生产为主,多缺乏自主开发能力,科技研发和创新投入尚显不足,亟需智能化升级打破设计、生产等环节的成长瓶颈,为行业同质化竞争找到新的突破口。

(3) 生产管控能力弱

作为典型的离散制造业，电动自行车生产主要为流水线零部件装配，同时每条生产线存在多款不同型号的电动自行车同时装配的现象。部分企业不同型号电动自行车之间装配时间差异较大，但产线人员相对固定，因而在产线产品切换过程中会因流水线速度降低而造成产能损失。同时，生产批量也会影响换产次数，加之电动自行车行业淡旺季产品需求差异较大，如何合理设定产品批量，做好计划与生产管控，对于企业提升产能利用率至关重要。

(4) 质量稳定性较差

电动自行车采用流水线装配的方式，生产过程质量缺陷主要分为装配质量缺陷与零部件质量缺陷。其中，装配质量缺陷多因人为不规范操作导致。加之电动自行车零部件质量稳定性存在一定的问题，因此电动自行车装配过程中异常频发，特别是在流水线运行过程中，往往不能快速定位某个工位异常，需要人工传递反馈，导致效率低下。

第三节 电动自行车制造面临的挑战和新机遇

全球新一轮科技革命和产业变革正加速孕育兴起，第四次工业革命的浪潮来袭，与电动自行车行业转型升级形成历史性交汇，给企业带来了新的发展机遇。智能化转型升级已成为电动自行车重要发展趋势，催生着企业生产方式、产业形态以及商业模式发生深刻变革。电动自行车企业通过发展智能制造改进自身条件已具备相应的条件，具体体现在：

1. 消费品"三品"行动为电动自行车行业推行智能制造提供动力

随着供给侧改革过程中对经济平稳增长、产业结构优化、产品质量提升的需求日益增多，电动自行车行业需要提高自身生产效率，提升产品质量，增强品牌竞争力。企业必须适应新常态，将原来的粗放型、野蛮式的发展模式转变为集约式、内涵式发展模式，通过"增品种、提品质、创品牌"，驱动行业通过智能化改造实现生产创新、技术创新与管理创新。

2. 智能制造为行业践行"新国标"等相关要求奠定良好基础

2018年5月开始，电动自行车新国标正式发布。2019年4月15日全面落地实施，并与3C认证并行，共同指导行业发展。电动自行车新国标对生产企业提出较为严格的要求，3C认证要求对每一款电动车进行产品强制性认证，"双规并行"针对电动自行车的生产制造进行强制性管理，在高标准、严要求的驱动之下，通过智能制造这一新型生产模式，为企业增强产品研发创新，提升生产管理水平与产品品质提供必要的支撑与保障。

3. 标杆企业经验为电动自行车行业发展智能制造提供示范模板

近年来，国家积极推进智能制造试点示范行动，涌现出一大批行业智能制造领军企业。部分电动自行车龙头企业也在积极探索智能制造在行业的应用，雅迪、新日等龙头企业纷纷加快行业智能化改造的步伐，持续推进生产制造标准化建设，从源头开始强化生产管控、开展质量提升专项行动，积极推进产业链供应链协同，自身智能制造水平显著提升，也全方位带动了本行业以及产业链上下游企业智能化改造升级。

在智能制造这一新的背景和机遇下，电动自行车企业生产模式、运营模式、质量管控、服务模式等方面都发生着显著的变化：

(1) 个性化定制

随着电动自行车产品的创新发展以及人民消费水平不断的提高，消费者对电动自行车产品的品质、外观、功能等方面的个性化需求显著提高。企业需要最大限度顺应消费者需求的转型和消费心智的升级，积极应用三维仿真设计软件和先进的排产管理软件，最大程度地满足消费者的个性化需求。

(2) 网络化协同

电动自行车行业淡旺季需求差异较大，如何快速精准地捕捉市场需求，实现旺季快速增产是众多企业亟需解决的问题。电动自行车企业需不断强化供应链协同能力，积极应用大数据、人工智能等手段分析预测市场需求，开展销售预测并制定合理的销售计划，以此指导排产与生产，最大化提升市场响应能力。

(3) 柔性化生产

电动自行车的生产过程以手工装配为主，难以满足当前产品生产高质量、高效率的发展需求，未来我国电动自行车行业应积极顺应制造业的转型升级趋势，逐步在一些复用度高，具备标准操作的焊接、喷漆、装配环节引入数字化生产设备进行处理，以实现生产效率和质量水平的大幅提升。此外，面对我国劳动力成本逐渐上升的现状，企业应加快应用自动化、数字化、柔性化技术优化生产流程，提升对生产设备、生产状态的管理能力，有效应对劳动力结构的变化。

(4) 绿色化管控

随着行业绿色发展的意识不断提升，一方面企业在车架喷涂烤漆等生产环节不断改进工艺，使用环保型材料，积极改造应用喷涂烤漆废气、焊接烟尘、固体粉末收集等数字化环保设备；另一方面企业可以积极应用智能传感等技术，对喷涂、焊接等重点工序的生产车间环境进行实时监测、调节与处理，不断提升绿色安全管控水平。

(5) 服务化延伸

当前电动自行车行业产品个性化、多样化特征愈发明显，部分龙头企业可以依托自身在数字化业务方面的积累，充分运用自身在业务流程管理、业务数据可视化、车联网方面的技术沉淀，将数字化业务触角延伸到企业的产品销售端，在降本的基础上增效，提供差异化服务，建设主动在线客户服务及产品远程运维等服务新场景，塑造数字化时代服务新模式，不断提升自身品牌价值。

第二章 电动自行车智能制造场景矩阵

电动自行车企业的生产多围绕整车装配环节开展，呈现典型的离散制造特征。本章聚焦于设计、生产、物流、服务等关键环节，对电动自行车行业智能制造场景进行了梳理，最终形成10类21个典型智能制造场景。

每个场景均从痛点堵点、解决方案、建设成效三个方面进行分析。场景痛点描述该企业在生产经营中遇到的问题，解决方案分析如何解决问题，建设成效以实际价值描绘场景的美好前景。

企业可以通过对照场景矩阵检索感兴趣的场景，按照具体场景描述寻求场景建设路径，最终找到适合自身的实践方案。

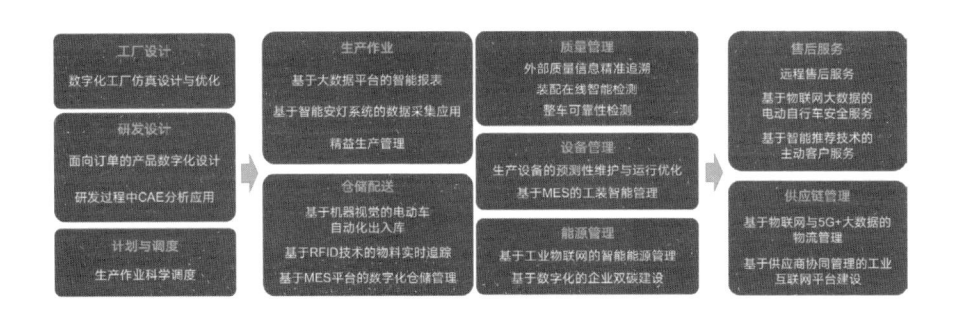

工厂设计	生产作业	质量管理	售后服务
数字化工厂仿真设计与优化	基于大数据平台的智能报表	外部质量信息精准追溯	远程售后服务
	基于智能安灯系统的数据采集应用	装配在线智能检测	基于物联网大数据的电动自行车安全服务
研发设计	精益生产管理	整车可靠性检测	基于智能推荐技术的主动客户服务
面向订单的产品数字化设计		设备管理	
研发过程中CAE分析应用	仓储配送	生产设备的预测性维护与运行优化	供应链管理
	基于机器视觉的电动车自动化出入库	基于MES的工装智能管理	基于物联网与5G+大数据的物流管理
计划与调度	基于RFID技术的物料实时追踪	能源管理	基于供应商协同管理的工业互联网平台建设
生产作业科学调度	基于MES平台的数字化仓储管理	基于工业物联网的智能能源管理	
		基于数字化的企业双碳建设	

图1-2 电动自行车行业智能制造场景矩阵

第一节 工厂设计

1. 数字化工厂仿真设计与优化

数字化工厂设计在做好工厂布局、自动化规划、信息化规划的基础上，以产品全生命周期的相关数据为基础，在计算机虚拟环境中，对生产过程全流程进行仿真、评估和优化，有效降低方案变更风险，缩短工厂建设周期。

痛点堵点	行业可借鉴成功案例较少	未打通精益化、自动化、数字化、智能化逻辑关系	规划建设周期长，方案变更频繁
解决方案	工厂布局 生产模式规划 工厂整体布局、物流动线规划 建筑需求规格书	自动化规划 工艺优化、工艺标准化 物流动线优化、物流方式选优	信息化规划 系统应用架构拓扑图、信息安全框架 数采接口与通讯协议标准	仿真优化 3D建模 虚拟调试 仿真优化
建设成效	降低方案变更风险	降低新厂建设及改扩建成本	缩短工厂建设与量产周期

图 1-3 电动自行车数字化工厂设计

■痛点堵点

行业智能制造水平相对偏低，可借鉴的成功案例较少。数字化工厂设计涉及因素众多，部分企业工厂规划未打通精益化、自动化、数字化和智能化的内在逻辑关系，规划内容、步骤和过程工具不清晰，规划及建设周期长，方案变更频繁，导致规划输出及运营效果不及预期。

■**解决方案**

工厂布局方面，根据PQ/PR分析结果，规划工厂的生产模式（专线、柔性线、CELL模组等）；依据SLP、精益布局原则规划工厂整体布局、物流动线；依据车间详细工艺布局与设备选型、物流和三废处理设备选型等设计建筑需求规格书。自动化规划方面，基于工艺、物流标准化和操作控制逻辑，规划工厂自动化与集成调度方案。信息化规划方面，基于数据、业务流程优化、标准化的要求，规划工厂系统应用架构、拓扑图、信息安全框架以及大数据应用场景，建立数据采集接口与通讯协议标准。同时，企业可对新工厂规划方案进行3D建模，通过工厂仿真、物流仿真、产线人因工程、运行轨迹干涉、生产节拍和瓶颈工站仿真分析，机器人操作程序虚拟调试，优化整体设计方案，并为工厂数字孪生建设奠定基础。

■**建设成效**

数字化工厂建设方案经仿真优化大幅降低建设期方案变更风险，同时企业可做好后期改扩建建筑结构预留、水电气网容量扩展设计，降低新工厂建设及后期改扩建成本。设计阶段工艺设备与产线做好车间坐标点位规划和虚拟调试，设备入场阶段可直接根据坐标点位安装、试产，缩短工厂建设与量产周期。

第二节 产品设计

1. 面向订单的产品数字化设计

构建多模块、多专业、多学科相融合的智能设计专家系统，以知识工程、研发流程为基础，将专家经验、行业知识与设计工具充分结合，构建标准化、模块化、系列化的电动自行车产品，实现柔性化、知识化三维产品设计，全面提高设计质量，缩短设计周期，节省设计成本。

■ **痛点堵点**

随着生活水平不断提高，消费者对电动自行车的个性化需求日益高涨，对电动自行车产品设计市场的快速响应能力提出了更高的要求。传统电动车产品设计标准化程度低，多依赖设计员的设计经验，较易出错。众多企业缺少产品设计管理模式，因此难以复用及优化设计知识。

图 1-4 电动自行车产品设计过程分析

■ **解决方案**

构建以产品模型库为核心，涵盖零部件智能选配、导航式设计、三维二维一体化出图的智能设计专家系统。采用模块化、标准化建模方法，创建电动自行车的零部件模型和模板库，为产品的快速变形设计和快速组装提供模型支撑，以快速响应消费者个性化订单需求。基于 AI 的零部件智能优选功能，通过图形视觉、神经网络学习构建模糊搜索、分类筛选、可视化预览等功能，提高零部件重用率，大幅降低物料管理成本。固化最优电动自行车设计流程，实现设计过程自动计算、系统自动校核、智能查重和自动装配，以及智能检查模型之间的安装干涉，提高建模效率和装配质量。采用参数化全关联的 3D/2D 一体化技术，实现三维二维一体化出图，解决总装模型、部件模型、零件模型与工程图纸数据的一致性问题，避免图纸发生因数据不一致导致的错误。

■ **建设成效**

通过模块化设计方法，智能匹配设计标准规范，并开展专家级设计指导，大幅提升研发与审核效率，提高产品设计质量，并控制和减少零部件数量，降低生产维护成本。通过数据规范强制达标，精准定位并干涉问题，解决产品设计纸面低级错误。

2. 研发过程中 CAE 分析应用

建立 CAE 分析规范，在产品研发环节应用 CAE 软件对整车及零部件进行结构耐久、NVH、CFD、碰撞等工况分析，并提出优化方案，大大提升产品质量，缩短研发周期，有效降低企业研发成本。

图 1-5　电动自行车研发 CAE 分析

■ **痛点堵点**

传统模式下，电动自行车研发过程中整车以及零部件质量把控过于依赖实物样件反复测试，增加了产品研发费用，无法精准把控研发预算。3D 数据研发环节未能提前校核质量性能风险并及时提供优化方案，致使产品研发周期加长，无法及时响应市场需求。部分企业质量风险校核过多依赖主观评价，不能精确量化各项性能指标。

■解决方案

在制度层面,建立企业 CAE 分析规范,将整车以及核心零部件的 CAE 分析工况及过程形成企业规范文件并且落地执行,进一步筑牢企业核心技术护城河。通过利用 CAE 分析软件对产品进行工况分析,可以在结构耐久方向重点分析整车及零部件刚度、强度、疲劳强度,整车高温塑件热翘曲变形量等,查看结构应力应变,量化结构性能指标。在 NVH 方向分析整车模态、车架模态、VTF(振动传递函数)、实车驾乘稳定性等。在 CFD 方向分析热固耦合、整车骑乘风阻系数、仪表迎风面结构、骑乘气流扰动等,在碰撞方向模拟整车以及零部件跌落、外力冲击、撞击刚性墙等校核结构强度。同时利用 CAE 专业软件提取产品路面载荷谱,进一步精确模拟产品受力变形,提升优化方案的可靠性与可实施性。

■建设成效

利用 CAE 专业软件模拟量化质量性能指标,有助于产品质量性能评估。同时通过 CAE 模拟整车以及零部件受力,可以提前规避产品设计风险,降低实物验证次数,减少打样费用,并缩短研发周期。

第三节 计划与调度

1. 生产作业科学调度

构建与 ERP、SRM、销售系统集成的 APS 系统，以解决生产制造物料管理等问题为核心抓手，在产能和供能有限以及前端需求变化的情况下，通过智能算法计算出最优的作业排产计划，并建立相适应的科学作业规范以及内部管理体系以保障其有效运行。

图 1-6 电动自行车生产作业分析

■**痛点堵点**

传统电动自行车制造企业普遍是库存式生产，产品品种多，颜色规格多，导致企业库存积压，资金占用大。原材料价格波动较大，严重影响电动自行车成本的管控。电动自行车装配所需要的零部件数量多，且质量稳定性不强，部分供应商产能供给存在问题。部分整车厂生产计划执行困难，影响客户对产品交付及时性以及供应商对整车厂采购计划执行率的满意度。

■ **解决方案**

建设企业 APS 系统，并与 ERP、SRM、销售系统等有效集成，实现需求、供应和生产的全要素均衡。企业根据销售订单以及预算情况生成需求计划，通过 ERP 形成主生产计划，结合 SRM 将供应能力和制造能力计划等信息输入 APS 后，通过算法得到最优排产方案，指导生产作业并建立评估机制严格执行。同时，企业要建立与 APS 系统相适应的管理流程支撑其运行；结合电动自行车制造特点，建立营销预测及订单变更规则规范、新产品上市推广计划和销售政策下达规范、供应商采购协同规范、生产计划执行协同规范、各车间生产指令执行规范、生产设备维护管理规范和生产人员作业规范以及产销协同沟通机制。这些都是保障 APS 解决电动车生产与销售问题的核心。

■ **建设成效**

有效实现产销、产供的平衡，降低呆滞库存，大幅提升车间管理效能。同时，实现产销之间的数据共享，实时展示生产排程进度状态，降低订单变更风险。通过建立规范的管理体系，保障信息沟通协调顺畅，提升交期达成率以及供应商采购计划执行率。

第四节 生产作业

1. 基于大数据平台的智能报表

建设以数据仓库、数据集成平台、数据报表及 BI 平台为核心的大数据智能分析平台，充分运用云计算、大数据等技术，集数据汇入、数据存储、数据分析、数据展示于一体，实现企业数据资源的统一视角、数据信息资源融合服务与创新服务，为企业制定战略决策提供数据支撑。

图 1-7 电动自行车大数据平台分析

■**痛点堵点**

数据统计口径多样且复杂，手工统计汇总效率低，报表统计困难，导致公司决策滞后，不能及时响应市场变化，影响销售业绩。内部各信息系统数据规则不统一，数据分散，系统资源消耗大，缺乏统一的平台对数据进行关联、整合及联通，难以完全释放数据的真正价值。目前能够提供的分析报告主要以表格为主，分析维度单一，分析需求响应的时效性差，无法满足业务部门快速多变的数据分析需求。

■ **解决方案**

建设以数据仓库、数据集成平台、数据报表及 BI 平台为核心的大数据智能分析平台。在数据仓库建设方面，一是存储系统要具备高可靠性、快速查询能力，适应庞大的数据量以及繁杂的数据类型；二是要具备支持同构和异构平台跨平台访问能力；三是具备标准的数据库接口，提供代码迁移工具。在数据集成调度平台建设方面，一是支持同构/异构数据源之间批量数据迁移；二是可根据需要在入库迁移的同时对敏感数据脱敏处理；三是支持 UI 界面的大数据任务调度编排能力，支持拖拉拽的方式完成工作流定义。在数据报表和 BI 平台搭建方面，平台架构分为数据建模、数据分析、数据可视化，一是对海量数据进行分析与挖掘，辅助业务决策，提供资源配置分析优化等辅助决策功能；二是具备线性扩展能力和强大的分析能力，可支撑不断增长的数据量。

■ **建设成效**

业务人员可轻松、灵活地定制各种复杂的分析报表，管理人员可随时随地进行经营监控。同时，快速构建适用的分析模型，实时监控企业的业务运营，主动预警，实现例外管理，实现企业数据的跨平台、跨组织、跨账簿的全面分析。

2. 基于智能安灯系统的数据采集应用

根据企业系统和网络架构要求搭建符合生产过程管理要求的智能安灯系统。系统需同时支持有线网络和无线网络并支持多种数据传输协议和设备控制协议，生产线传送链等自动化设备均通过传感器和安灯集成。在生产过程中出现质量、设备等异常问题时，系统将自动发布安灯信号，触发响应机制。有关异常检测数据可进行统计分析并用于优化生产。

图1-8 智能安灯数据采集分析

■痛点堵点

电动自行车生产主要为流水线零部件装配，生产线工位多，零部件质量稳定性不高，装配过程异常频发，问题反馈和解决效率低，无法精准定位异常工位与部件，严重影响生产效率。异常事件无规范分类以及快速反应处理机制，影响生产计划有效执行。企业缺乏异常数据统计分析手段，未形成标准化作业。

■ **解决方案**

构建智能安灯系统，根据生产流水线工艺划分成匹配的工艺按灯点位，通过PLC实现自动化中控，IO控制器进行数据采集，获取行程开关、光电开关、悬挂线、传感器数据，实现产线状态及制造数据自动实时上传，一旦出现异常情况，安灯系统将做出异常告警和异常通知。安灯系统可根据需求配置异常分类统计、异常比率计算等统计分析模块，为管理者决策提供数据支持。有关统计分析结果可形成大数据并分享给原料供应商、设备供应商等上下游企业，为打通电动自行车行业产业链提供支持。

■ **建设成效**

实时获知设备运行状态和工序状态，提高设备利用率与使用寿命。及时响应与快速处理异常情况，提高生产效率，降低停线时长与管理成本。高效分析异常数据，持续优化改善生产，大幅降低异常事件发生频率。

3. 精益生产管理

搭建精益生产管理平台，构建有效的制造运营管理体系，自上而下制定合适的关键绩效指标，并对绩效指标进行层层分解和跟踪，及时发现绩效指标的偏离，制定有效的纠正措施，实时在线跟踪以及跨业务部门的管理闭环，以达成企业既定目标，提升核心竞争力。

图 1-9　精益生产管理分析

■ **痛点堵点**

管理人员的管理能力和意识参差不齐，缺少管理方法，不能及时识别出绩效数据的差距和问题，对问题的跟踪解决缺乏主动性，解决问题难以形成闭环。缺少透明化的跨业务部门问题推动改进的平台。各层级管理人员之间的管理活动与绩效指标没有关联性，缺乏对管理任务与绩效指标自上而下的分解和自下而上的执行管理。

■ **解决方案**

构建绩效指标层级，根据企业内外部环境和自身发展需求，制定合理的工厂级关键绩效指标，结合制造运营管理的核心管理活动，将工厂级的关键绩效指标层层分解至产线、仓库、质量、设备维护等细分业务范围的核心绩效指标。根据企业内部职能部门的职责权限和管理层级，对制造运营管理活动中的核心绩效指标进行问题归类，构建升级快反流程。通过 IoT 技术实时采集设备的状态、工单生产信息、质量信息、库存信息等生产数据，并通过网络将数据上传至本地服务器或云端。系统接收到数据后，通过数据计算模型，实时计算关键绩效指标的实际值，并与标准值在线对比。当出现偏差时，系统自动根据升级快反流程的规则，将数据或问题自动发送给相关职能人员的账户。在线分配任务，实施监控任务和问题的关闭状态，直至问题解决。有关信息实时显示在生产大屏、管理大屏、移动端等终端上，实现目视化管理。

■ **建设成效**

快速实现现场管理精益，提升车间现场透明度，大幅提高车间问题识别、追踪和解决的效率。通过平台在线实现跨业务部门绩效沟通，实现管理 PDCA 闭环。基于绩效与问题的大数据收集、分析，为企业提供管理趋势路线图与提前预警功能。

第五节 仓储配送

1. 基于机器视觉的电动车自动化出入库

基于机器视觉采集技术，对出入库环节重点工装加装工业相机，进行远端条码信息自动采集、自动识别，结合车辆悬挂流水线等传输装置实现自动出入库，辅助建立防错防呆机制，提升出入库工作效率与准确率。

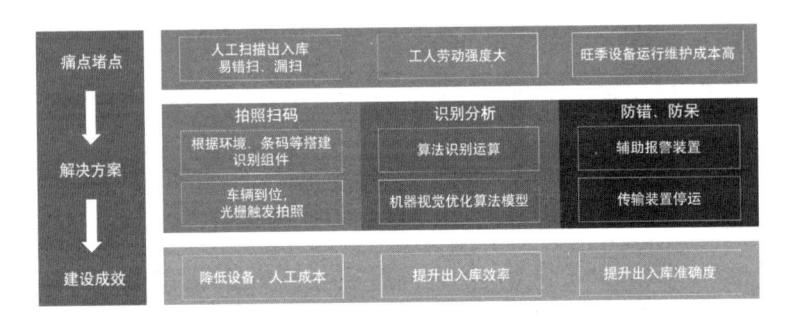

图 1-10　自动化出入库分析

■痛点堵点

传统电动车成品出入库是工人通过扫描设备进行操作，人工扫描存在漏扫、错扫的情况，管理效率较低，易造成库存不准、条码状态不正确的问题，影响整个供应链。此外，在生产销售旺季需要安排多人进行出入库扫描，人工成本高且扫描设备投入较大。

■解决方案

根据成品条码形状、粘贴位置、条码内容等条码特征信息，出入库悬挂流水线以及现场环境，搭建智能识别组件，组件集成扫码识别、声光报警、光电传感、后台控制服务实现出入库自动化。当电动自行车运行到位后，通过红外光栅实时触发智能读码器自动拍照，运用图像识别算法模型快速识别车辆上的条码，并将位置、速度、二维码内容进行参数化，通过机器学习不断优化识别模型。利用工业相机的集成开发包与扫描平台做好对接，工业相机识别的条码信息解析直接写入扫描平台对应的数据库中，并将原始数据进行自动存档以便被查。必要时，企业需建立防错、防呆机制，在相机周围安装光栅、三色灯以及声音装置，一旦出现车辆未被识别的情况，传输装置会停运并进行异常报警，方便库管人员迅速定位并处理异常。

■ 建设成效

实现了人工操作到自动化出入库的转变，入库效率得到飞跃性提升，降低了人员成本，节省扫描设备采购维修成本。应用工业相机并结合使用防错、防呆机制后，电动车在出入库过程杜绝了错扫、漏扫等现象。同时，视觉采集出入库可为车辆下线时间记录自动化及工时统计自动化提供参考。

9. 基于 RFID 技术的物料实时追踪

通过 RFID 技术构建物料、产品全流程实时跟踪系统，帮助管理人员实时了解物料、产品仓储、物流周转、生产过程中的数量、状态、位置、运输路线等信息，支撑生产、物流和仓储等跨业务管理。

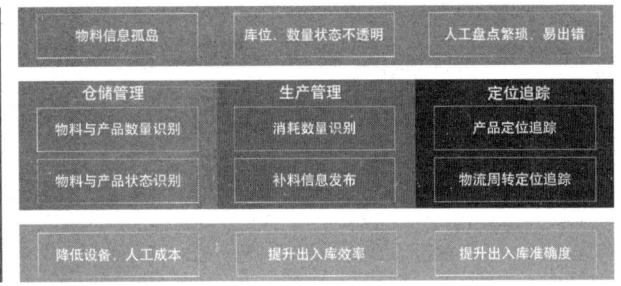

图 1-11 物料实时跟踪分析

■ **痛点堵点**

车间数据采集手段落后，一线生产管理人员无法实时获知物料在生产过程中的位置、状态、数量，"信息孤岛"现象严重。仓储物流的管理人员无法及时获知物料的库位、数量以及物料配送状态。物料盘点需要工人对各个库位、各类物料进行人工点数，容易出错。

■ **解决方案**

构建物料实时跟踪系统，在每个工位上安装 RFID 阅读器，在产品上安装 RFID 标签。仓储管理方面，通过 RFID 阅读器读取物料、产品信息，并在系统内与相关单据进行核对，核对无误后进行出入库、拣货等活动，记录位置、数量、状态等信息。在生产管理方面，通过生产线上物料、产品的定位追踪获得物料、产品位置信息和消耗情况，并通过在制品管理获得线边库库存量，在此基础上实现物料的跟踪和动态配送。在产品定位跟踪方面，当产品运行到工位，工位 RFID 阅读器识别产品位置信息后，将数据上传至数据采集与监控软件，由系统计算出产品所在具体工位区域，实现产品的实时跟踪。在物流周转运输定位追踪方面，在每个周转器具上加装车载 GPS，通过车载 GPS 定位物料、产品的运输位置与路线。

■ 建设成效

实时掌握物料、产品的数量、状态、库位等仓储信息，实时掌握物料、产品的位置，物流路线、数量、状态等物流配送信息，提前安排生产、物料等资源配置，提高生产与物流的效率。实时盘点库存，确保数量准确，提高盘点效率。

第六节 质量管控

1. 外部质量信息精准追溯

建立数据系统，构建企业云平台，针对外部质量信息的收集和纠正措施,建立质量问题信息库。利用 RFID 和 TAG 标签技术，赋予电动自行车易发生质量问题的关键零部件唯一识别码，并利用企业云平台实时监控关键零部件状态，实现质量信息跟踪追溯，以保证电动自行车平稳运行，同时在新产品设计时充分分析利用相关质量数据，避免同类问题再次发生。

痛点堵点	质量难以追溯	零部件数量多，质量一致性难以管控	难以精准定位故障零部件
解决方案	数字化	网络化	智能化
	关键产品赋码	质量失效模式数据库	质量监测预警
	零部件质量数据采集	通讯协议及三模卫星定位	质量问题跟踪追溯
建设成效	车辆问题预警，保障使用者安全	质量追溯，推动行业质量提升	保证生产过程一致性管控

图 1-12　外部质量信息追溯分析

■痛点堵点

电动自行车行业外部质量信息较多，零部件质量波动较大，无法准确追溯质量问题引发的原因。电动自行车装配过程零部件较多，一致性难以进行管控，容易引起质量事故和认证一致性问题。电动自行车发生质量问题后，不能及时准确定位故障零部件，无法在后续新车型开发或批量生产中避免同类质量事故。

■解决方案

收集企业外部质量信息，并对发生的问题和纠正措施建立质量失效模式数据库。利用 IoT 等技术建立数据采集及分析系统，利用 RFID 和 TAG 标签的技术，赋予电动自行车涉及质量问题的关键零部件唯一识别码，构建企业云平台，将关键零部件的关键信息等上传至企业云平台,同时利用通讯协议及三模卫星定位,准确实时记录车辆的位置信息。即时采集关键零部件进货与生产过程中质量状态信息,与对应车型匹配,对各部件的状态和车辆信息进行实时跟踪,并分析其温度、使用工况等信息,对关键信息进行至少 24 小时的存储。在运行过程中发现关键零部件的指标参数明显不符合常规值时,及时预警并反馈使用者,在车辆受到外部原因导致其发生质量事故时及时存储实时信息。在新车型设计时要充分考虑质量信息中的失效模拟,消除失效故障原因。

■ **建设成效**

在车辆出现问题时及时预警,保障使用者安全。出现外部质量信息时,及时分析质量问题成因并追溯涉及的零部件,预防后续同类问题的产生,推动整个电动自行车行业质量提升。保证生产过程中的一致性管控,提高产品的质量,并可通过云端的数据对后续车型做出设计及生产改进。

2. 装配在线智能检测

关键零部件绑定电子标签,运用图像识别设备读取电子标签信息并上传云端,并与整车编码进行绑定,比对确定关键件的一致性。利用智能装配工具,实时读取关键工序的装配扭矩数据,提高工人的劳动生产率和操作舒适度,针对出现扭矩预警较多的车型重新进行优化设计，降低产品的生产组装难度，提高产品的可靠性。

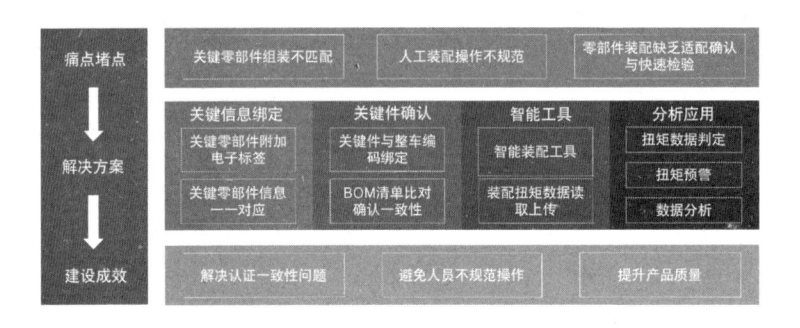

图 1-13 装配智能检测分析

■ **痛点堵点**

电动自行车行业同一生产厂往往有较多不同车型，关键零部件的选型往往也有所差异，不同的关键零部件在组装过程中易产生型号不匹配情况，导致产品认证一致性方面出现问题。电动自行车装配过程基本依靠人工，其中关键工序的扭矩用电动气枪装配后，再用扭力扳手紧固，工人操作普遍不规范，扭矩难以得到控制，影响产品的质量。行业多在整车装配成形后进行成品检验，而关键零部件在装配过程中没有得到较好的适配确认及快速检验。

■ **解决方案**

对于电动自行车关键零部件（如电池、控制器、电机、灯具、仪表等）附加唯一电子识别标签，与关键零部件的型号、规格、技术参数等信息一一对应。运用图像识别设备读取电子标签信息并上传云端，并与整车编码进行绑定，同时与MES系统中BOM清单比对，确定关键件的一致性。利用智能装配工具，实时读取上传关键工序的装配扭矩数据以提高工人的劳动生产率和操作舒适度。系统端接收到智能装配工具实时传回的数据后进行判定，当扭矩不在规定的范围时及时预警，并给出合理的解决方案。生产厂可同时将数据同步至企业云端，分析比较不同类型的车型数据，针对出现扭矩预警较多的车型重新优化设计，降低产品的生产组装难度，提高产品的可靠性。

■ **建设成效**

解决行业普遍存在的认证一致性问题，保证电动自行车关键零部件的适配以及原装性，同时帮助原厂售后件得到更好的管控，降低消费者的产品维护难度，使得电动自行车产品更加安全及规范。实时监控关键工序的扭矩，明确操作流程，避免在产品的生产装配常见工序过程中出人为的不规范操作问题，提升产品质量。

3. 整车可靠性检测

根据检测对象的使用特征（如解锁车辆、收回脚撑、坐垫感应、解锁按钮、启动车辆、车辆巡航、最高速度、续行里程等），在电动自行车整车上部署相关检测运动单元。利用电脑及相关软件进行逻辑动作处理及相关信息数据采集,有效提升了检测精准度与效率,降低了工人劳动强度,质量检测数据可为后续生产优化提供支撑与保障。

痛点堵点	检测效率低	系统性功能缺失	人工骑行检测耗时费力
解决方案	设备搭建 搭建车把疲劳组件、转向疲劳组件、转把疲劳组件、刹把疲劳组件、组合开关疲劳组件、坐垫感应组件等	采集分析 各组件功能失效性判定 检测结果传输	处理优化 及时处理整改 优化生产、设计
建设成效	降低检测人员劳动强度	检测结果更为准确	提升品质调控响应效率

图 1-14 整车可靠性检测分析

■ **痛点堵点**

传统检测方法较为零散,大部分质检数据多采用零部件分散测试与人工方式进行记录与统计。其质检数据是零部件可靠性数据,无法评判整车兼容性及完整可靠性,无法为生产决策者提供参考。多数整车厂家采用人工骑行的方式进行可靠性检测,其质检过程耗时耗力,成本较高,受外部环境影响较大,无法快速检测出整车的零部件兼容性及可靠性。

■ **解决方案**

根据电动自行车整车机构搭建车把疲劳组件、转向疲劳组件、转把疲劳组件、刹把疲劳组件、组合开关疲劳组件、坐垫感应组件、脚撑疲劳组件、支撑车轮运转组件。根据需求进行功能逻辑上的搭配，进行定周期循环测试。基于软件系统，实时采集与分析各组件的运动数据与结果，进行各组件功能失效性判定，并可根据现场条件和需求，选择有线或者无线的传输方式将检测结果传送至实验室、车间、管理人员、云端、后台等需求端。生产现场接收到检测结果后，可采取报警、设备停机、人员处理等相关措施，及时整改，提升产品质量。

■ **建设成效**

基于整车多组件协调的系统性检测方法，降低了检测人员劳动强度，有效地解决了全行业目前面临的检测分散、耗时、系统整合低下等痛点，提升了产品品质调控的响应效率。检测结果有效分析利用，可用于优化生产，提升产品质量。同时，检测结果大数据分析共享为全行业的数据打通和协同发展提供了基础支撑，有助于形成行业发展合力，提高发展效益。

第七节 设备管理

1. 生产设备的预测性维护与运行优化

获取生产设备运行数据、环境数据等各项信息，构建设备故障预测模型。通过专家系统，识别故障模式，分析故障征兆，确定设备状态及演进趋势，并及时做出维护调整，有效减少生产设备的非计划停机时间，实现生产设备的科学管理。

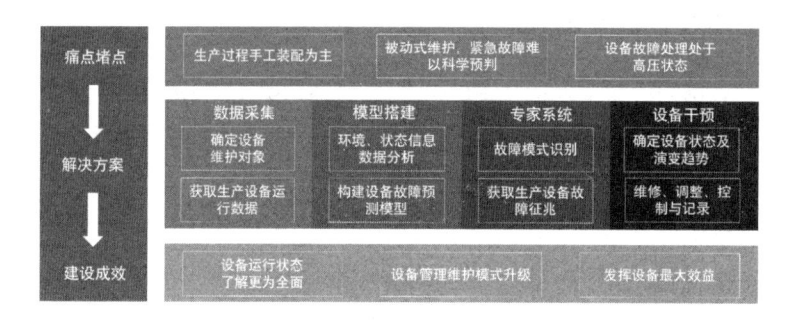

痛点堵点	生产过程手工装配为主	被动式维护，紧急故障难以科学预判	设备故障处理处于高压状态
解决方案	数据采集 确定设备维护对象 获取生产设备运行数据	模型搭建 环境、状态信息数据分析 构建设备故障预测模型	专家系统 故障模式识别 获取生产设备故障征兆	设备干预 确定设备状态及演变趋势 维修、调整、控制与记录
建设成效	设备运行状态了解更为全面	设备管理维护模式升级	发挥设备最大效益

图1-15 生产设备维护及运行分析

■ **痛点堵点**

电动自行车生产过程以手工装配为主，对于为数不多的生产环节所使用的数字化装备，要求持续稳定地运行，减少非计划停机时间。当前生产设备的维护模式还处在救火的被动式维护和经验式维护，对于紧急故障难以做出科学预判，设备维护人员和生产管理人员对设备故障的处理处于高压力状态。

■ **解决方案**

确定电动自行车生产设备维护对象，获取设备各项运行数据。对生产设备及与之相关的各种环境信息、状态的特征信号进行数据分析、信息提取。数据分析人员与设备管理人员协作构建设备故障预测模型，对输入的设备参数、环境参数、操作行为、维修记录以及供应商、日期、批次等信息和输出的故障部位、故障时间、故障概率、故障原因、质量影响因素等信息进行分析。构建专家系统，进行故障模式的识别，应用生产设备自回归模型状态的识别，分析获得生产设备故障征兆。根据故障征兆，参考故障预测模型，确定设备状态和状态演变趋势，进行设备维修、调整、控制和记录等操作，同时将维修记录输入设备故障预测模型的输入。

■建设成效

生产设备的预测性维护与运行优化，实现了电动自行车生产设备从消极被动维护到定期维护、按经验维护、主动式维护、预测性维护的模式升级，为电动自行车的顺畅生产提供了保障。对生产设备的历史状态、当前运行状况、未来预期状态有了更加全面的了解，对定期发现的问题可以采取措施，实现更好的设备维护管理。在大数据驱动下的信息系统内建立预测性生产设备维护和管理方式，提升生产设备效能，降低维护管理成本，改善产品质量。

2. 基于 MES 的工装管理智能场景

对企业生产过程中的工装进行整体的流程化全生命周期管理。通过实时跟踪采购、检测、出入库、报修、报废、委外加工等流程，帮助库管、生产、质检人员更有效地改善工装管理，提升有效稼动率，减少备件库存，降低制造成本。

痛点堵点	工装位置模糊	工装检验、点检、维修保养机制缺失	月末盘点费时费力
解决方案	工装数据采集	库房管理	维保管理
	一物一码	库房状态监控	点检、保养周期设置
	一元化电子档案	计划编制齐套性检查	设计、维修保养知识库建设
建设成效	管理控制清晰透明	提升工装使用寿命	降低资金浪费，提升生产效率

图1-16 MES的工装管理分析

■ **痛点堵点**

电动自行车生产企业以流水线组装为主，生产过程工装数量多、种类杂，工装位置及状态不明。工装检验、点检、维保机制缺失，使用过程中的损坏无法及时报修，无法及时跟踪维修进度。工装知识有限，维修保养经验无法有效积累，传承难度大。易损件多凭经验备货，无法与实际产生关联，缺货或者滞库的现象时有发生。工装月末盘点费事费力，缺少有效清单。工装请购缺乏流程管理，维修保养过程数据缺乏管理，工装花费无迹可寻。

■ **解决方案**

基于MES的工装管理利用RFID技术，进行一物一码绑定，对基础信息、备件、保全/加工/验收履历等实行"一元化电子档案管理"，全面掌握工装信息，消除信息孤岛。通过系统进行点检、保养周期的设置，并提供维修、保养进度的实时查询。通过工装设计图纸文档管理及维修、保养管理等知识积累，建立企业的"工装知识百库",提升知识传承能力。通过对工装库房管理,实时监控工装的库存状态,以保证工装数量的准确无误。通过 MES 系统将工装库存信息实时传递给计划编制人员。在计划编制阶段,即开展工装的齐套检查,计算工装易损件备货信息,提高计划的准确性。通过工作流进行工装需求审批,各类流程费用透明化、可视化,避免了采购过度或者采购不足的现象。

■ 建设成效

工装管理流程数字化、精细化,对于设备管理控制更为清晰、透明,工装保养维护更为清晰,显著提升了工装使用寿命,提高了整体利用率。工装全生命周期的管理模式减少了企业资金浪费,提升了生产效率。

第八节 能源管理

1. 基于工业物联网的智能能源管理

基于工业互联网技术搭建能源管理系统,实时采集电、水、气等重点能源消耗数据,并进行可视化呈现。能源数据采集分析后可开展能源等级评定,用电单耗对比,并通过统计图标和文本报表等形式展现给各级管理人员。基于系统,企业可以识别潜在节能点以及性能平衡点,调整能源分配策略,用以节能降耗和优化生产。

图 1-17　智能能源管理分析

■痛点堵点

采用人工抄表、人工核算方式进行能源数据汇总、分析、汇报耗时费力。能源数据分析维度单一,存在数据不同步,容易出错的问题。采用人工点巡检,数据不连续,巡检记录难管理,工艺质量和能耗不可控。能源管理以结果反馈控制为代表,存在滞后、震荡、不精准的问题。

■解决方案

构建能源管理系统,将电、水、气等能耗数据采集装置接入至系统中并与之在线通讯,实时采集不同能源的消耗量等参数,包含全电量参数(如电压、电流、有功、无功、功率因素等)、传感器参数(如温度、压力等)、环境参数(如二氧化碳浓度、湿度、照度等）等，有关管理人员可以实时查看各设备、传感器参数，全方位监测站房母管压力、流量等。通过系统对能耗等级进行评定以及对比用电单耗，形成各分类分项能耗数据统计图表和文本报表，满足各级管理人员对能源使用过程中能耗情况的统计分析，便于调整能源分配策略，减少能源使用过程中的浪费，达到节能降耗的目的。

■ **建设成效**

明确能效数据和消耗，明确每一个负荷的能源信息（机器、生产线和工厂）、能源需求和时间或负荷趋势的关系，发现待优化的潜在节能点，寻找最佳性能平衡点。在可靠的能源预测和需求计划的基础上，优化能源合同，基于预先识别的潜在节能点，优化工艺流程，减少电价高峰用能。

2. 基于数字化的企业双碳建设

构建企业当前能源消耗情况数学模型，将模型与 MES 系统结合，通过对企业生产的季节性变化进行预测和摸排，仿真模拟企业的能源消耗情况，并将企业的数字化系统与公用网络对接，安排专人汇总分析双碳相关政策，为企业实现双碳排放建设目标提供参考和建议。

图 1-18　企业双碳建设分析

■ **痛点堵点**

碳达峰、碳中和是我国的一项长期战略规划，部分电动自行车企业不理解"双碳"的政策背景，对双碳的含义和建设目标缺乏深刻理解。双碳建设内容较多，企业对如何选取最符合当前政策导向的建设方案不太清晰。电动自行车生产季节性差异较大，企业无法准确判断后续的碳排放量。

■ **解决方案**

构建企业当前能源消耗情况数学模型，将模型与 MES 系统结合，通过对企业生产的季节性变化进行预测和摸排，仿真出企业的后续生产排放情况。根据企业的历年订单数据，分析企业的年度生产情况，对企业的碳排放量进行数据预测，并仿真出后续的排放周期峰值等数据。将企业的数字化系统与公用网络对接，安排专人进行与双碳相关的数据的汇总分析，了解最符合企业状况的实现路径和目前可进行的建设。根据模型仿真结果和目前的排放数据，综合判断企业的"双碳"建设路径，并结合企业当地的政策特点要求，为企业提供能源管理体系建设、碳足迹核查、节能降碳等"双碳"项目的建设指导方向。

■ 建设成效

帮助企业加深对"双碳"政策、"双碳"建设的认识，使企业能够充分评估自身的排放情况，预测后续的排放数据，明确自身的碳达峰、碳中和周期。让企业找到适合自身当前情况的"双碳"建设规划、路径和方案，逐步实现"双碳"建设目标。

第九节 售后服务

1. 远程售后服务

建设电动自行车远程售后服务平台，对电动自行车的启动、运行、关闭进行全程记录，周期性采集上传电机、电池等关键零部件数据至平台，并将数据抽取、转换、加载至数据分析输入端，通过故障分析模型分析输入端信息，最终将售后服务建议发送至客户手机端或者电动自行车接收端。

痛点堵点	企业处于被动服务阶段	车辆数据采集不完善，整理分析方法较为落后	售后服务体系不灵活，不够及时与深入
解决方案	数据采集：启动、运行、关闭全程记录；关键零部件周期性采样	数据处理：构建故障分析模型；样本训练，给出维护建议	数据反馈：服务建议发送至客户手机端；服务建议发送至电动自行车接收端
建设成效	提升了售后服务的实效性	增强客服满意度	驱动设计更新迭代

图1-19　售后服务分析

■ **痛点堵点**

传统电动自行车企业缺乏主动运维意识，多处于问题发生后才去解决的被动服务阶段。电动自行车的数据采集不完善，数据整理和分析方法较为滞后，无法及时为电动自行车企业提供设计、制造的决策参考。电动自行车的售后服务系统不够灵活，消费者普遍认为售后服务不够及时和深入。

■ **解决方案**

构建电动自行车远程售后服务平台，采集、追踪与分析每辆电动自行车关键零部件的状态信息。通过平台记录电动自行车启动、运行、关闭全过程信息，对电动自行车的电机、电池、控制器、调速把、功能开关、断电刹把、喇叭、减震前叉和减震后叉、前轴和中轴、刹车系统等关键零部件数据进行周期性采样，上传至售后服务平台，并将数据抽取、转换、加载至数据分析输入端。

电动自行车的研发设计人员、工艺设计人员、生产装配人员与数据分析人员共同建立电动自行车的故障分析模型，通过样本训练构建判断规则和分析模型，实现对输入数据的分析，给出电动自行车的维护建议。有关售后服务建议可以发送至客户手机端或者电动自行车接收端，便于客户实时查看。

■建设成效

远程售后服务提升了服务的时效性，与传统被动维修服务互为补充，提升了整个电动自行车售后服务体系的"弹性"，提高了客户满意度。有效且整体的远程售后服务可以使电动自行车企业掌握每辆电动自行车的使用情况，实现有效的跟踪服务，还可以驱动电动自行车的设计更新迭代。

2. 基于物联网＋大数据的安全服务

通过智能传感、物联网等技术实时采集车辆位置、温度、速度等信息，采用数据 ETL 技术以及数据仓库技术处理数据，依托电动自行车被盗、超温、故障等事件定义与构建预测模型和专家系统，最终为客户提供车辆防盗、超稳预警、车辆定位等智能服务。

图 1-20 安全服务分析

■ **痛点堵点**

电动自行车安全防盗是用户最为关心的几大问题之一，同时部分用户由于车辆长期不用或被人移动，在陌生环境中难以找到自己的车辆。电动自行车在传递电力过程中，导线、线路板的热量以及行驶震动产生的热量易造成防护措施损坏、老化，引起内部电源短路、漏电以及接触不良等问题，进而导致火灾隐患和用车安全风险。

■ **解决方案**

通过导航定位、物联网、传感器等技术，对电动自行车的位置、速度、温度、三维空间高度、方向等数据进行实时采集和上传。通过数据 ETL 技术以及数据仓库技术对采集数据进行处理，依托电动自行车被盗、超温、故障等事件定义与构建预测模型和专家系统，为上层应用提供数据的共享和服务。针对防盗服务，通过分析电动自行车关键零部件（如电池）的完整性、电动自行车驾驶人员的行驶习惯（行驶速度、行驶轨迹、驾驶人体重等）判断电动自行车是否处于被盗状态，并采取警戒设防、上锁、弱电电源断电等措施。针对超温预警服务，对车辆环境温度、关键零部件（电池、电机、充电适配器等）温度的变化进行监控，基于功能预测模型进行状态预警，给出管理建议。

■ **建设成效**

基于物联网大数据的电动自行车安全服务，可有效预防和减少电动自行车盗窃案件发生，提升盗窃案的破案率和电动自行车的找回率，减少和挽回电动自行车客户的财产损失。电动自行车关键数据有效分析利用，可有效对电动自行车使用过程、充电过程的超温进行预警，减少安全隐患。同时，系统可以帮助用户快速查找定位自身车辆。

3. 基于智能推荐技术的主动客户服务

建设电动自行车企业客户服务综合信息平台，通过传感器、物联网技术接收客户的行为数据、电动自行车的使用数据和关键零部件的运行数据，并建立客户数字画像，针对性地推出天气提醒、关键零部件更换提醒、充电和充电设施位置提醒等智能服务，提升了客户满意度以及品牌忠诚度。

图 1-21　主动客户服务分析

■痛点堵点

当前电动自行车的客户服务处于缺失状态，缺少对最终电动自行车客户的服务渠道和抓手，难以持久维护客户的满意度和忠诚度。针对客户骑行所涉及的天气、充电设施地点等重点场景缺少服务模式探索。电动自行车关键零部件的使用寿命和运行状态缺少分析和预警相关的主动提醒服务。

■解决方案

建设电动自行车企业客户服务综合信息平台，平台通过传感器、物联网技术接收客户的行为数据、电动自行车的使用数据和关键零部件的运行数据等，并提供数据的预处理、分析、应用等功能。根据平台接收的电动自行车数据类型，建立电动行车的客户画像，对电动自行车客户的骑行习惯、车辆的使用状态、车辆关键零部件的寿命变化等建立数据模型，同时与电动自行车客户所在地的出行信息、充电桩信息、天气信息、餐饮购物信息等进行信息交互。建立主动客户服务清单，通过平台对电动自行车客户提供天气提醒、关键零部件更换提醒、充电和充电设施位置提醒、餐饮购物地点推荐等应用，提升客户满意度。

■ 建设成效

通过电动自行车企业客户服务综合信息平台的主动客户服务，实现客户服务从无到有，满足客户使用需求并挖掘其潜在需求，提高客户满意度。通过主动推荐对接客户出行和其他需求，增强电动自行车企业与终端客户的粘性，提升品牌忠诚度，吸引更多数字时代原住民客户。

■ 第十节 供应链管理

1. 基于物联网与 5G+ 大数据的物流管理

搭建智能物流管理系统，实现各数据平台集成共享。通过物联网设备实时采集运单和物流信息，并借助数据智能引擎进行大数据分析，科学规划物流配送，有效提高了物流效益，提升了企业的营收与内在能力。

痛点堵点	业务模式复杂	物流流程节点众多	物流系统众多、核心数据揉合难度大
解决方案	数据采集	系统集成	数据分析应用
	运单数据采集	多数据平台数据实时采集、数据交互	智能引擎大数据分析
	物流数据采集	全端数据平台统一	提前调配、线路优化
建设成效	订单全流程管理	提高业务效率、准时率	提升用户体验

图 1-22 物流管理分析

■ **痛点堵点**

部分企业货运业务模式复杂，产品品种、订单种类多，承运商、运输方式、运输路线众多。从经销商提交产品订单到厂家配送到货，涉及部门较多，不同部门间信息相对独立，经销商难以获取完整的订单、物流等信息。部分企业产品物流体系下系统众多，每个系统有独立的数据结构和关键主键，分散在各系统的核心数据汇总糅合难度较大。

■ **解决方案**

搭建智能物流管理系统，通过物联网设备进行物流数据实时采集、治理、存储、查询、展示，车辆定位设备及平台、自动门闸控制设备及平台、5G 地磁感应设备及平台等多数据平台实时采集、数据交互，对面向业务的全端数据实现平台统一。搭载数据智能引擎，批量分析车辆的定位信息以及目的地相同的运输行为、时间、距离等，根据输入的车牌号、车牌颜色、始发地坐标、目的地坐标等信息进行大数据分析，返回计算后的预计到达时间、已行驶距离、剩余运距等信息，提前做好车辆调配，并合理规划物流路线方案，从而提高物流配送期间的运送效率。

■ 建设成效

基于物联网设备与 5G+ 大数据采集、分析、决策，实现从发货到签收的实时在途追踪，提高物流效率和准时率。订单全流程管理基于数字化平台实现从经销商、第三方物流、承运商、司机的一站式全链接。统一订单和数字化运输合同，实现承运商统一管理，电脑端、APP、企业微信、公众号等多平台实时协同。

2. 基于供应商协同管理的工业互联网平台建设

构建集应用开发平台、数据中台与集成中台为一体的供应商协同管理平台。实现供应商全生命周期管理，最大程度保护企业生态数据资产，并通过数字化的方式提升企业与供应商的协同与交互能力，在减少沟通成本的同时实现合规、抗风险的目标。

痛点堵点	业务模式复杂	物流流程节点众多	物流系统众多，核心数据揉合难度大
解决方案	数据采集	系统集成	数据分析应用
	运单数据采集	多数据平台数据实时采集、数据交互	智能引擎大数据分析
	物流数据采集	全端数据平台统一	提前调配，线路优化
建设成效	订单全流程管理	提高业务效率、准时率	提升用户体验

图 1-23　工业互联网平台建设分析

■痛点堵点

供应商沟通需要跨平台切换，信息无法及时同步，导致采购效率低下。供应商并没有专属的端口或平台支撑，与采购商数据信息和业务场景无法实时同步。供应商的各类信息量巨大，没有统一的管理方式，供应商层级及重要程度也无法区分，导致在实际业务中不能因商制宜。作坊式供应商无法判断，优质供应商擦肩而过，供应商风险及信用无从考证。

■解决方案

构建集应用开发平台、数据中台与集成中台为一体的供应商协同管理平台。在应用开发平台方面，一是提供可视化业务对象管理工具，以业务对象为中心驱动 SaaS 应用构建；二是提供可视化界面设计器，灵活创建和管理功能页面；三是提供可视化工作流设计器，简单操作即可实现工作流程落地；四是支持电脑客户端和移动端多端应用，并与第三方平台无缝集成。在数据中台开发方面，一是无缝继承 PaaS 平台数据结构与数据权限，用户可以随时随地洞察数据；二是提供多维动态分析和丰富图形报表展现，全方位数据可视化管理，多维度多视角采购分析；三是提供高性能计算引擎，以轻量级的架构实现大体量数据的抽取、计算和分析。在集成中台开发方面，一是提供丰富的对外 API 服务，针对大部分场景都能开箱即用；二是提供强大的沙盒工具，支持自定义或扩展接口，可在线配置、开发、调试、部署接口；三是提供完备的接口管控平台，可以实现权限管理、接口发布、限流降级、调用跟踪监控等。

■ **建设成效**

管理新增采购配额，优化采购费用管理，强化采购合规性管理。提升部门/公司协作能力，提升采购部门响应速度，提升财务运作效率。智能比价、充分竞价，降低采购成本，提升采购质量，帮助企业实现更强的议价能力。引入资金管理供应链管理理念，实现更快捷的现金运转速度。实现企业间的互联互通，能够基于供应商全生命周期管理构建集成协同平台。

第三章 电动自行车典型智能场景

智能制造场景是指面向制造全过程的单个或多个环节,通过新一代信息技术与先进制造技术的深度融合,实现具备协同和自治特征、具有特定功能和实际价值的应用。

从应用角度看,具有适应性、可复制性和可推广性;从分类属性看,还具有基础属性、行业属性和区域(集群)属性。

■ 第一节 电动自行车智能制造场景来源与分类

《"十四五"智能制造发展规划》中明确指出,聚焦企业、区域、行业转型升级需要,围绕工厂、企业、产业链供应链构建智能制造系统,开展多场景、全链条、多层次应用示范,培育推广智能制造新模式新业态。《江苏省"十四五"制造业高质量发展规划》中指出要强化行业示范应用,面向装备制造领域,重点开发面向特定场景的智能成套生产线、模块化生产单元。"多场景""特定场景"等字眼对智能制造场景的收集、建设、示范、优化周期提出了长期规划要求。

随着5G、人工智能、区块链等新一代信息技术与制造技术的深度融合,企业智能制造建设在不同阶段有不同侧重,因此智能制造场景的构建是一项循环往复、动态更新的事业。本报告认为，智能制造场景来源、分类、作用如图1-2所示：

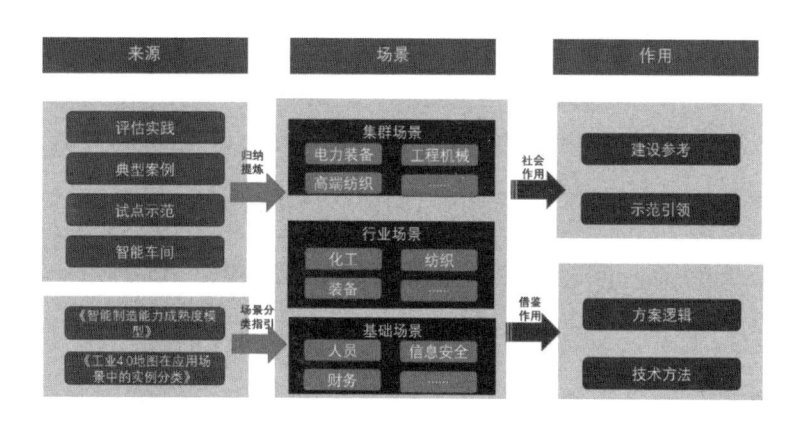

图 1-24　智能制造场景的来源与作用

智能制造场景的来源包括省智能车间项目、试点示范项目、遴选的典型案例集以及智能制造能力成熟度的评估实践等。智能制造场景具有专注于某一具体业务环节、具备关键核心技术、质量效益优质等特点，因此智能制造场景需进一步筛选、总结、提炼，并不是所有的项目或实践都可作为智能制造场景。

智能制造场景包括不同企业通用性较强的基础场景、具有行业特征的行业场景以及具有区域集群特征的集群场景。基础场景可包括人员培训、财务、信息安全等场景，行业和集群场景分类可参考《智能制造能力成熟度模型》（GB/T39116-2020）中的20个能力子域以及《工业4.0地图在应用场景中的实例分类》中工业4.0应用场景分类。

第二节 电动自行车智能制造场景的特点和优势

智能制造场景是新一代信息技术与先进制造技术在制造过程中单环节、多环节的典型应用，从场景的应用层面看，其具有适用性、可复制性和可推广性。适用性是指该场景的解决方案适用于特定行业具有相似生产和管理模式的企业。可复制性是指该场景可在同行业、同领域进行复制建设，必要时可根据企业设备规模、人员水平、工艺特点、管理方式等不同开展优化。可推广性是指场景具有普遍性和代表性，可应用于同行业同领域其他企业。

智能制造场景库的建设有助于企业参照执行，推动传统产业转型升级。相比于智能车间、智能工厂的建设，智能制造场景建设具有以下三点优势：

(1) 改造成本和应用难度低，易于实施，成效明显

智能车间、智能工厂等所涉及的环节、层级众多，资金、人员、技术要求相对较高。智能制造场景由于是智能制造技术在制造过程中单个环节或多个环节的应用，应用难度较低，智能化改造成本较低。

对于面广量大的中小企业，以智能制造场景为抓手的智能化改造是成效最为明显、最易于实施的企业智能制造水平提升方案。企业可以根据自身发展情况及生产经营的痛点难点，结合行业特点，由点及线，选择投入产出比最高的智能化改造方向，从单个

场景或多个场景入手，逐步推行产线、车间、工厂等多层级智能制造示范应用。

(2) 场景具有行业特点，易于复制推广，实现以点带面的效果

以行业分类的智能制造场景库充分结合该行业生产经营管理特点，企业可以对标自身智能制造现状，"词典式"查询该行业典型环节、典型场景智能制造解决方案，有效评估该场景智能化改造建设成效，明确智能化改造方向，并将该方案快速复制应用。场景级智能化改造方案快速复制应用将进一步挖掘区域发展潜力，"以点带面""以面带全"，推动全行业开启智能制造"万家争鸣"新时代，形成智能制造的"星火燎原"之势。

(3) 服务商和制造企业可实现精准对接，精准服务

广大企业对于智能制造，普遍存在"不知从哪儿建""怎么建""投多少"的困惑。通过对标行业智能制造场景库，企业可以快速梳理智能化改造的需求，服务商可以针对某一行业特定领域的部分场景快速积累成熟的场景级智能化改造实施方案，同时通过建设多层级、多行业智能制造解决方案供需对接平台，举办多种形式的解决方案供需对接活动，建立企业与服务商之间的高效沟通枢纽，让企业有所求有所应。

第四章 电动自行车行业智能制造解决方案现状分析

2016年以来，随着智能制造的逐步深入，电动自行车行业制造企业对于各类数字化、网络化、智能化的应用需求日益强烈，加速推进了生产要素、资源要素、技术要素与制造业的整合，催生出新产品、新技术、新模式、新业态，为系统解决方案市场注入持续发展动力，也带动了智能制造系统解决方案供应商（以下简称"供应商"）的蓬勃发展，在各地、各行业涌现出了不同类型的具备不同服务能力的供应商。

图 1-25　代表供应商分布图

第一节 整体解决方案服务商

整体解决方案服务商是指能够为电动自行车生产企业提供规划设计以及智能装备、工业软件等集成服务的供应商，包括提供智能工厂集成、数字化车间集成的整体方案服务商，也包括面向研发、制造、物流等局部环节的整体方案服务商。整体方案服务商能够提供整体方案规划设计服务，且具备一定的智能装备与工业软件的开发和服务能力，但是大部分装备和软件仍需要向第三方采购。

1. 服务内容

（1）整体规划设计

整体规划设计是指在对企业发展战略与市场定位进行分析的基础上，识别企业可持续发展的核心竞争力，针对企业实际需求与相关资源，参考最新的智能制造相关技术与业界最佳实践，对企业的组织、技术、流程、模式、数据等各类要素进行整体优化，为企业提供智能制造优化目标、整体架构、技术路线与实施计划。

目前电动自行车行业智能制造转型升级没有统一的技术路线。由于发展基础、资源要素、市场定位、战略方向等因素不同，企业对于智能制造改造的需求与重点方向不同。整体方案服务商需要结合企业实际情况，有针对性地提供整体规划设计方案，帮助企业探索适合自身的转型升级路径。

(2) 智能工厂与数字化车间集成

智能工厂与数字化车间集成是指依据国家或行业智能工厂与数字化车间的相关标准要求，并结合企业实际需求，采用先进的规划设计方法与技术对智能工厂或数字化车间进行系统设计，实现不同系统之间、软硬件之间的信息与数据的融合贯通，满足企业在产品设计、生产、物流、服务等不同环节的相关需求，实现软件、硬件、网络及平台的一体化集成。

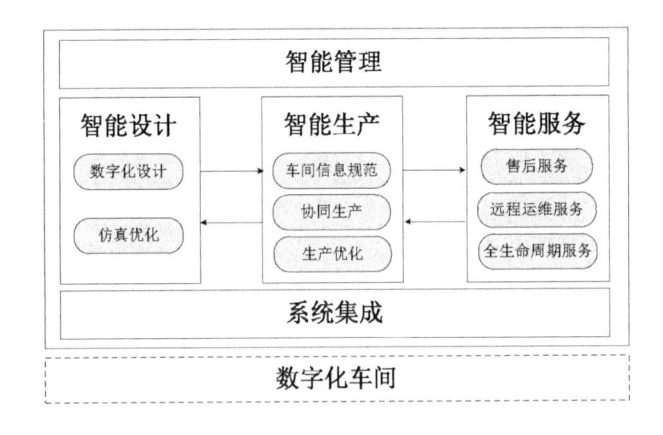

图 1-26 智能工厂总体框架图

随着智能制造先进技术与管理工具更新速度日益加快，市场对整体方案服务商自身研发能力与系统集成能力提出了更高要求，如对于智能工厂数字化设计与交付能力的要求越来越高，因此整体方案服务商需要不断引进新技术，满足市场出现的新需求。

(3) 智能制造相关技术的应用开发

整体方案服务商了解企业实际应用需要，能更有针对性地对数字孪生、人工智能、边缘计算、物联网、5G等智能制造相关技术进行应用开发，是推动智能制造相关技术在电动自行车行业应用落地的重要力量。

2. 面临问题

(1) 项目合作模式难以适应企业新需求

电动自行车生产企业进行智能制造整体转型是一项长期的系统工程，需要不断更新完善，逐步推进。项目合作的供需服务模式难以适应企业动态发展需求，要求供需双方构建长期稳固的合作模式。

(2) 对客户需求理解不深刻

受供需双方信任机制与合作模式影响，当前，整体方案服务商难以精准把握企业的核心战略、业务流程和真实需求，不够了解企业实际运营情况，很难真正从企业需求角度进行诊断评估与整体规划。

(3) 复合型人才短缺

整体方案供应商需要拥有一批智能制造复合型人才,既要掌握工业软件、生产工艺或系统集成等多学科知识,还应具备较强的综合运用能力。目前行业内工程实践经验丰富的复合人才非常稀缺,并且难以在短时间内大批量培养。

(4) 先进技术的引进与应用能力不足

整体方案服务对供应商的系统集成能力、工艺规划设计能力、物流规划与设计能力、数字化设计与验证能力提出了更高要求。企业现有手段和能力略显不足,需不断引进与应用先进智能制造技术与工具。

(5) 组织与管理制度不灵活

在应对市场变化中,整体方案服务商存在组织调整阻力大、运营管理灵活性不强、决策慢、流程多等问题,难以快速响应。

3. 发展建议

(1) 探索与企业稳固的新型合作关系

通过构建战略联盟、战略合作伙伴关系、合作投资等多种方式,加强与电动自行车生产企业的相互信任,建立持久的合作关系。

(2) 加大智能制造人才培育与引进力度

在人才培育方面，搭建与高校联合培养平台，鼓励员工开展智能制造相关课题研究，积极参与国家及地方组织的智能制造诊断评估服务工作，提升相关人才的综合能力。在人才引进方面，进一步提升智能制造相关人才的待遇水平。

(3) 进一步提升系统集成服务能力

广泛参与智能制造相关组织或联盟活动，加强与各类智能制造供应商、研究机构、科研院所等产学研各界的交流与合作，构建良性发展的产业生态，不断提升自身的系统集成服务能力。

(4) 加大对先进技术应用开发投入

增加在研发方面的投入力度，提升在共性技术、关键技术等方面的研发能力。通过积极申报国家及地方相关研究课题，联合产学研各界组织机构，增加智能制造关键核心技术的储备。

(5) 进一步推进组织与管理制度改革创新

进一步加大企业组织与管理制度改革力度，结合企业发展战略，根据市场需求对组织结构进行变革，不断完善管理制度，提高组织活力。

第二节 工业软件服务商

工业软件服务商为企业提供工业软件服务或二次开发服务。根据应用环节不同，智能制造工业软件可分为研发设计类、生产调度和过程控制类、业务管理类三大类，其中 PLM、MES 及 ERP 分别为这三大类的典型代表。目前各类工业软件在电动自行车行业都得到了大量的应用，为电动自行车从研发设计、生产运维到售后服务等全生命周期提供了重要支撑。

表1 工业软件主要分类及用途表

序号	分类	代表产品	用途
1	研发设计类	CAD、CAE、CAM、CAPP、PLM、PDM 以及各类协同研发平台等	用于提升企业在产品研发工作领域的效率
2	生产调度和过程控制类	MES、LES、SCADA 等	用于提升企业对制造过程的管控水平，改进生产流程，提高设备效率和利用率
3	业务管理类	ERP、SCM、CRM、HRM、BI	用于提升企业的管理治理水平和运营效率

1. 服务内容

(1) 研发设计类

以 PLM 为代表的研发设计类软件主要提供产品数据管理、制造工艺管理、数字化虚拟仿真等功能服务。国内企业在 CAD 细分领域有部分市场份额,但整体实力与国际企业差距较大。由于电动自行车结构相对简单,针对行业特点和业务场景,国产软件可以满足企业研发设计管理需求,是一种低投入、高收益的优质选择。

(2) 生产调度和过程控制类

以 MES 为代表的生产调度和过程控制类软件,立足企业实际生产需求,将车间内的核心业务纳入到管理范畴,从整体架构上打通了从企业计划层到现场控制层的信息流、数据流及物流,满足企业的生产活动需求。

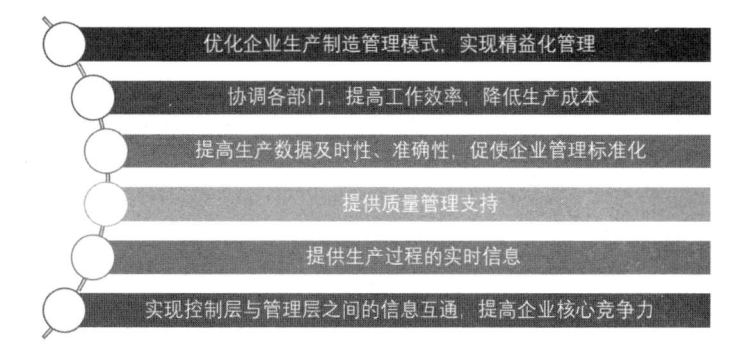

- 优化企业生产制造管理模式,实现精益化管理
- 协调各部门,提高工作效率,降低生产成本
- 提高生产数据及时性、准确性,促使企业管理标准化
- 提供质量管理支持
- 提供生产过程的实时信息
- 实现控制层与管理层之间的信息互通,提高企业核心竞争力

图 1-27 生产调度和过程控制类软件的主要作用

国内企业凭借产品二次开发能力，以快速响应和价格优势，在电动自行车行业占有较大的市场份额。

(3) 业务管理类

以 ERP 为代表的业务管理类软件，实现了制造资源管理、物料资源管理、人力资源管理、信息资源管理、财务资源管理的系统集成，提高了整个企业乃至供应链的管理效率。在电动自行车行业，ERP 市场的集中化程度较低，SAP、鼎捷、用友、金蝶、启明等软件均拥有一定的市场份额。

2. 面临挑战

(1) 系统集成能力不足

工业软件服务商主要在研发设计类、过程调度类、运营管理类中的某一个领域进行深耕，对其他领域的服务能力与理解程度有限。提高不同信息系统的集成能力，成为工业软件服务商面临的重要挑战。

(2) 工业机理理解不深入

知识库建设与工业大数据分析要求工业软件服务商能够深刻理解电动自行车行业机理，并且具备将行业机理通过模型、标准、框架、规则、语义网络等保存和复用的能力。

(3) 新兴技术的应用能力不足

在工业数据采集与分析解决方案中，要求工业软件服务商具备将人工智能、边缘计算、云计算等新兴技术进行集成应用的能力，以及将先进技术进行商业化应用的能力。

(4) 核心算法的开发能力有待增强

电动自行车行业生产计划要应对工序多、约束条件复杂、突发情况多、需求变动快等问题，对高级排产系统的适应性提出更高要求，也对工业软件服务商核心算法的开发能力提出了更大的挑战。

(5) 平台搭建能力尚需提高

协同设计过程中涉及大量的数据信息交互、设计方案变更、设计权限动态分配等，对工业软件服务商的不同系统集成能力、平台搭建能力等提出了较高的要求。

3. 发展建议

(1) 加强横向合作

在工业软件开发过程中，服务商之间需要加强交流与合作，统一相关标准，以便实现软件之间的数据交互、系统的集成以及平台的搭建。在具体项目实施过程中，面向不同细分环节的工业软件服务商可以组建联合开发团队，发挥各自优势，推进信息系统的集成。

(2) 提升新技术的研发与应用能力

为满足电动自行车制造业工业数据采集与分析、高级排产等相关需求，工业软件服务商需要提升人工智能、数字孪生、边缘计算、云计算、物联网等新技术的研发投入，积极探索将各类新技术应用到工业软件中的方式和方法，提升先进技术成果的商业化应用转化速度。

第三节 智能装备服务商

智能制造装备是先进制造技术、信息技术、人工智能技术等技术的集成和深度融合。智能制造装备主要包括自动化成套生产线、工业机器人、智能控制系统、智能仪器仪表等。

智能装备在电动自行车行业的应用主要集中在研发设计和生产环节，其中在研发设计环节主要提供智能研发用测试仪器，在生产环节主要提供自动化成套生产线、工业机器人等。

1. 服务内容

(1) 智能研发装备

智能研发装备主要应用在研发设计环节的先进技术开发和产品开发过程。其中先进技术开发方面主要提供系统开发仿真装备、试验验证装备等；产品开发过程方面主要提供用于造型设计的模型制作以及模型数据的采集装备、用于工程设计的仿真装备、用于试验验证的整车、系统和零部件的各方面验证装备。

(2) 自动化成套生产线

自动化成套生产线在电动自行车行业新工厂已广泛应用。根据生产工艺划分，自动化成套生产线主要包括自动化冲压生产线、自动化焊接生产线、自动化涂装生产线、自动化装配生产线等，部分特殊生产工艺如注塑件、发泡件等也实现了自动化生产。

(3) 工业机器人

在电动自行车行业，通过集成移动机器人、堆垛机器人、装配机器人、焊装机器人、检测机器人等，实现物料自动搬运、零部件自动清洗、自动化装配等一系列作业任务。

2. 面临挑战

(1) 自主创新能力不足

我国智能装备产业自主技术创新能力较弱，新型传感、先进控制等关键核心技术受制于国外企业。关键技术自给率低，在新技术与新产品研发上与国外先进企业存在一定的差距。

(2) 产品性能有差距

分领域装备存在产品性能差距、品牌溢价能力不足等问题，制约了国内智能装备在电动自行车产业的推广与应用。

(3) 部分高端装备对外依存度较高

我国智能装备产业起步晚，国内优势企业数量少，产业组织结构分散，缺乏具有国际竞争力的骨干企业，部分对精度、技术要求较高的装备难以实现供应，对外依存度较高。

(4) 高层次人才缺乏

智能装备服务商企业存在高层次人才缺口大、核心竞争力弱等问题。在产品开发与生产方面，缺乏高、精、尖的专业科技人员，在产业运营方面缺少能力卓越的管理人才。

3. 发展建议

(1) 加大核心技术的研发投入

不断加大对于关键核心技术的研发投入,争取在部分关键核心技术研发领域实现突破,带动电动自行车行业智能装备产业整体发展,提升自主品牌装备的供给能力。

(2) 提升产品及服务质量

在产品生产及服务过程中,加强质量管控,提升售后服务能力,不断提升自主智能装备的品牌影响力,促进市场良性发展。

(3) 积极引进与培育高层次人才

通过提高人员工资待遇、创新激励模式、提供在职培训等多种途径,积极引进和培育高层次人才,促进企业在研发能力、管理能力方面的提升。

第五章　电动自行车行业小结

江苏省现阶段的电动自行车智能化发展已经取得了一定成效，电动自行车生产企业正逐步脱离"轻质量、重数量"的发展模式，迈向重产品性能、重企业效率和重客户满意度的关键阶段。

下一步，我们将在行业内大力推广《智能制造场景库建设报告（电动自行车行业）》，不断升级完善报告内容与适用范围，使智能制造场景库建设真正成为行业发展的"导航图"、企业改革的"过河石"，进而以点带面，在行业内培育一批智能制造先行者，构建智能制造场景落地应用共享平台，实现电动自行车行业智能化水平整体提升。

未来，我们将持续以智能制造应用场景研究为切入点，深入开展场景挖掘、场景对接，为更多行业、更多企业智能化改造和数字化转型提供专业支撑。

第二篇

第一章　预制菜背景介绍

■ 第一节　预制菜行业发展背景

预制菜是以农作物、畜禽、水产品等食材配以辅料,通过标准化和工业化集中生产,经预加工的成品或者半成品,包括即食、即热、即烹、即配等食品。预制菜的概念最早起源于20世纪40年代的美国。20世纪80年代,预制菜在日本迅速发展,并逐步拓展到欧洲市场和北美市场,为我国预制菜行业发展提供了可参考模板。我国预制菜行业起步较晚,发展历程可以分为四个阶段:二十世纪八九十年代的萌芽期、2000年至2009年的成长期、2010年至2019年的B端快速发展期、2020年至今的C端需求发掘期。二十世纪八九十年代国际快餐巨头进入中国市场，净菜配送工厂在国内开始出现，为行业起步奠定了基础。2000年后，国内深加工半成品菜企业开始涌现，但受制于消费者认知不够、餐饮专业化分工程度低、冷链运输建设不完善等因素，行业发展较为缓慢。2010年，餐饮连锁化加快，预制菜在B端的需求逐步打开。2014年外卖行业爆发式增长，B端需求量迅速增长，预制菜行业步入高速发展阶段。2020年以来受疫情影响和消费模式转变，预制菜C端需求迎来爆发式增长，但仍远低于B端需求。2022年中国预制菜市场规模达4196亿元，同比增长21.3%，预计2026年将达10720亿元，预制菜行业市场规模正在不断扩大，未来将保持高速增长的速度。预制菜行业作为一二三产融合发展的关键产业，其飞速发展将推动居民消费升级，促进农业从传统的种植养殖向加工业转型升级，从而实现农业供给侧结构性改革。

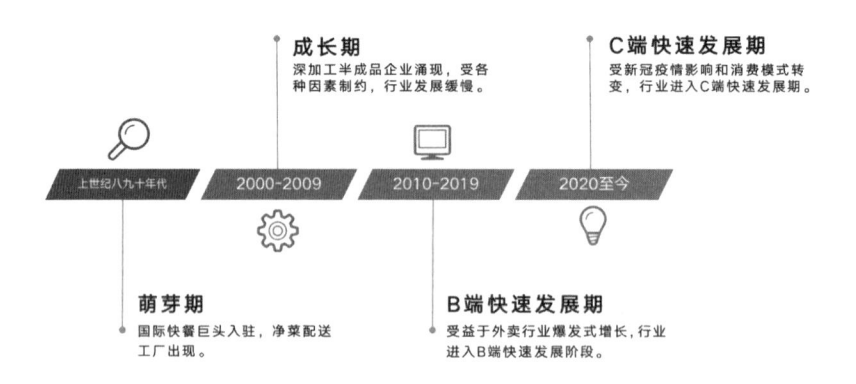

图 2-1 我国预制菜行业发展的四个阶段

江苏省是预制菜产业培育发展的沃土，消费需求旺盛，2022年江苏预制菜数字消费全国第一。省内预制菜企业超5800家，数量位列全国第三。目前，省内预制菜产业正处于快速发展阶段，已经成为推动农业现代化和消费升级的重要力量。江苏省"1650"产业体系中将预制菜作为新型食品产业集群下重点产业链进行培育，政府通过设置产业发展基金、提供土地支持等支撑产业高质量发展。目前，江苏省制定了全国首个《预制菜点质量评价规范》，积极推动预制菜行业的标准化、规范化发展，还推动成立了预制菜产业创新联盟，旨在促进产业链上下游融合，创建特色创新平台。未来，随着预制菜产业生态不断完善，省内预制菜行业发展将迈向新台阶。

第二节 预制菜生产的内涵及特征

预制菜生产制造通常为流程型生产，采用生产线或者单机设备组合的方式进行连续生产，涉及原材料检验、解冻、清洗、切割、烹饪、包装、保鲜等一系列处理步骤，任一工序出现问题必然会影响整个生产线和最终的产品质量。同时，不同规模的企业装备应用水平差异较大，小规模预制菜生产企业整体入行门槛较低，仍以人工生产以及单机自动设备应用为主。随着企业规模扩大以及市场竞争加剧，对于大规模自动化设备和复杂生产技术需求逐步提高，需要大量资金投入以满足规模化生产、食品安全、质量控制、冷链运输等要求。

当前，预制菜作为一个新兴产业，其生产销售仍处于相对无序的状态，缺乏一套统一的国家标准来规范行业的行为。但在物联网、云计算、大数据等新科技的引领下，部分大型预制菜企业已率先在生产加工、质量管控、冷链运输等方面取得阶段性成效，生产出一批价格实惠、味道好吃、营养健康的优质产品。但行业整体仍面临着自动化、数字化水平不高，质量管控不严，经营管理粗放等一系列问题：

(1) 设备应用及管理维护层面

预制菜行业大量的加工工序仍然依靠人工进行操作，食品加工机器人、分拣、码垛等智能装备应用水平仍然偏低。同时，当前市场需求趋于多样化，目前众多预制菜生产企业为多品种、小批量的生产模式，产线调整快，部分产品具有明显的淡旺季，难以应用成套智能生产线。近年来随着数字化技术的普及，众多企业在新建项目开始逐步应用数字化设备，但单体自动化设备仍是主流，"哑设备""哑工位"仍是制约行业数字化转型的重点问题。从设备管理维护层面看，设备稳定性是企业生产高效运作的基础，目前大量的预制菜生产企业基于历史经验以及故障周期制定保养计划，缺乏对于设备实际运行状态的采集，设备管理系统应用水平仍然偏低，缺乏基于运行状态的精准维护保养计划。

(2) 质量管控层面

目前预制菜从国家层面未形成明确统一的定义，行业分类未达成社会各界共识，且缺乏统一的标准体系、认证体系、追溯体系来指导行业全面健康可持续发展。预制菜原辅料要求、感官要求、理化指标、出厂检验判定要求等主要按照各细分行业生产标准执行，卫生规范、加工规范类的标准存在一定的缺失，比如对冷藏类的预制菜目前没有比较适合的标准可参考，冻结预制菜直接引用冷冻食品标准又要求太低。从企业质量管控层面看，已有一小部分优质企业遵循 HACCP、FSSC22000 等国际食品安全管理标准或制定企业标准以解决细分领域标准缺失或要求过低的情况。同时，从整体来看，绝大多数企业质量检测仅停留在原材料检验与成品检验。在生产过程质量管控层面，绝大多数企业皆应用单机自动化设备，导致生产过程数据无法有效采集，无法形成全链条"透明化"追溯。此外，大多数企业检测数据依靠人工进行填报上传，实验室信息化管理水平较弱，可靠性与准确性程度较低。

(3) 生产管理层面

我国预制菜行业生产效率不理想，既体现为生产过程标准化、数字化程度不足，生产系统跨层次运行效率低下，也体现为企业跨领域运行效率低下。预制菜行业生产过程数据采集水平偏低，设备采集数据以温度、运转速度等基础数据为主，各工序设备间相互独立，缺乏有效集成。原材料、半成品以及各工序生产加工未形成标准化和数字化管理控制，标准工艺执行情况不清晰，加工过程产量无法有效统计，大数据、物联网和云计算等技术在物流和食品流通轨迹监控、生产和管理优化中的应用不够，亟需工业互联网扩充信息资源。

第三节 基于 CMMM 的江苏省预制菜行业痛点分析

智能制造能力成熟度模型（以下简称 CMMM）是一套评估企业智能制造发展水平，便于制造企业、智能制造系统解决方案供应商和第三方开展智能制造能力的差距识别、方案规划和改进提升的国家标准。CMMM 构建了一级到五级（由低到高）的分级评价方法。

智能制造评估评价公共服务平台企业自评估数据显示，截至 2023 年 11 月，江苏省预制菜企业智能制造能力成熟度自评估一级占比 22.86%、二级占比 3.81%，这部分企业初步开展了企业数字化改造等相关工作，取得积极应用成效；智能制造能力成熟度自评估三级及以上的企业占比 1.90%，这部分企业较为完整地部署应用了自动化、智能化装备及云计算、大数据、人工智能等前沿信息技术，实现生产制造及企业经营管理模式数字化、网络化、智能化创新应用，取得突出成效。从预制菜行业智能制造能力成熟度等级分布上来看，预制菜行业的智能化改造、数字化转型、网络化连接的整体发展处于较低水平，智能制造能力成熟度等级分布如图 2-2 所示：

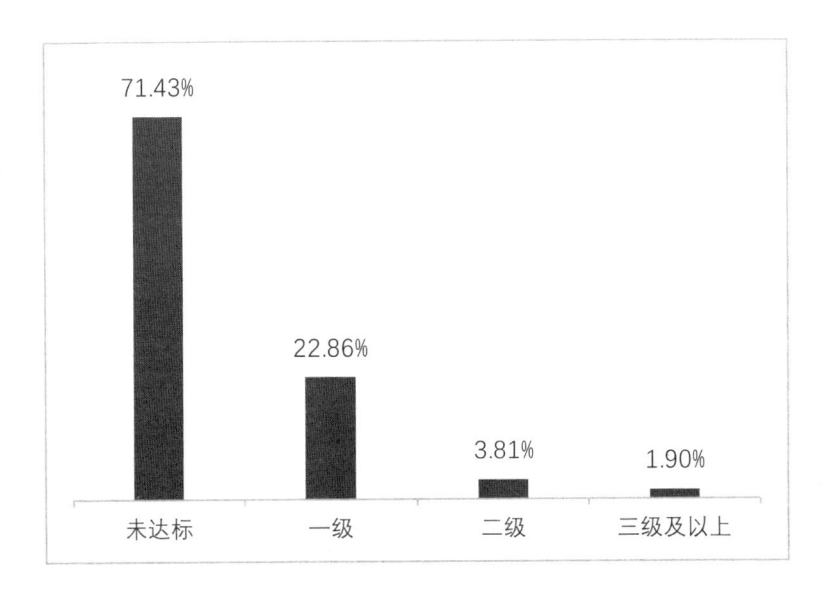

图 2-2　江苏省预制菜行业智能制造能力成熟度等级分布

从 CMMM 子域得分来看，江苏省预制菜企业各子域得分位于 0.61—1.16，行业大部分企业还未实现流程化管理（规划级），未形成较为完善的流程管理体系，智能化改造、数字化转型工作非常薄弱；在装备、集成、计划与调度、设备管理、客户服务等方面，江苏省预制菜企业自评估平均得分位于 0.61—0.95，智能化改造、数字化转型工作相对不够深入，仍存在较大的发展空间；工艺设计、采购、安全与环保子域得分高于 1.0，属于行业转型升级建设成效较为明显的领域，可持续加强优势环节建设，带动弱势环节协同发展。江苏省预制菜行业 CMMM 子域得分如图 2-3 所示：

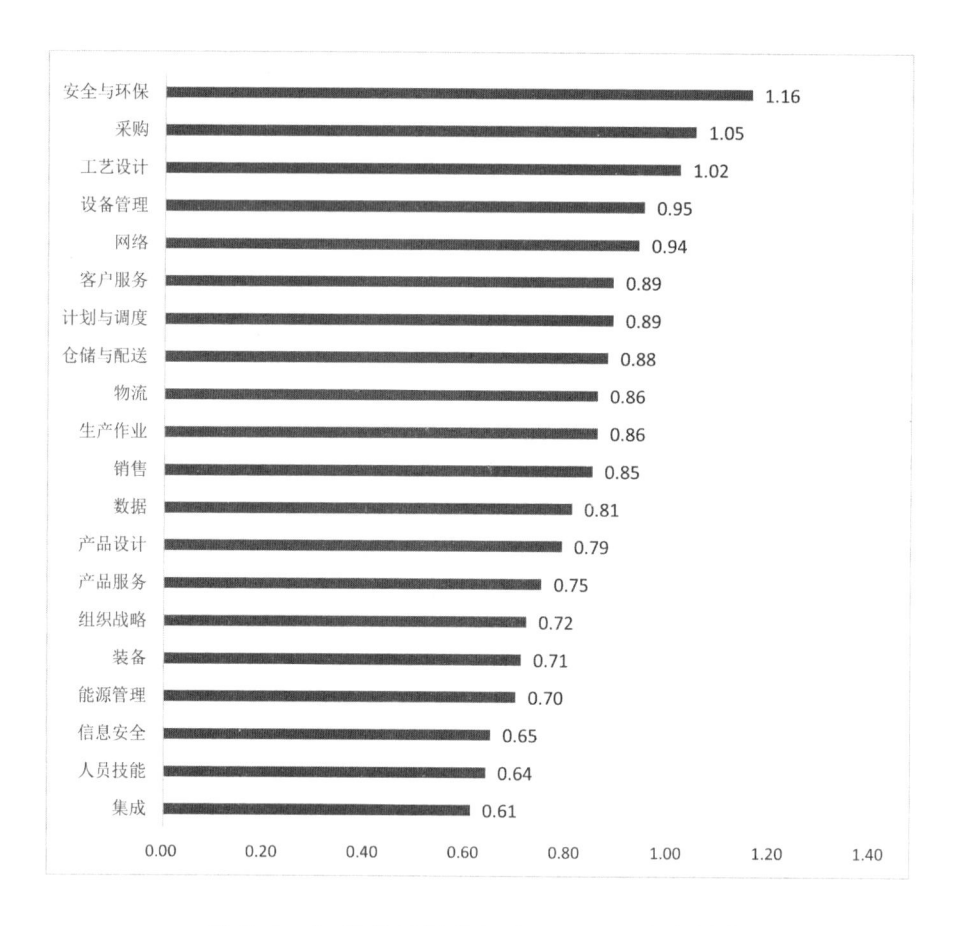

子域	得分
安全与环保	1.16
采购	1.05
工艺设计	1.02
设备管理	0.95
网络	0.94
客户服务	0.89
计划与调度	0.89
仓储与配送	0.88
物流	0.86
生产作业	0.86
销售	0.85
数据	0.81
产品设计	0.79
产品服务	0.75
组织战略	0.72
装备	0.71
能源管理	0.70
信息安全	0.65
人员技能	0.64
集成	0.61

图 2-3　江苏省预制菜行业 CMMM 子域得分

从 CMMM 评估得分矩阵来看，江苏省预制菜行业物流环节评估得分整体偏低，数字化、智能化水平相对薄弱，工艺设计、采购、安全环保环节评估得分高于各环节平均水平，智能化改造、数字化转型成果相对突出。江苏省预制菜行业 CMMM 评估得分矩阵如图 2-4 所示：

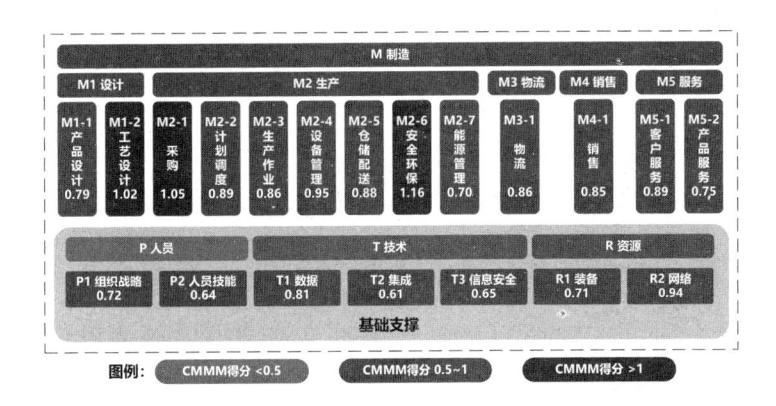

图 2-4　江苏省预制菜行业 CMMM 评估得分矩阵

第四节　预制菜制造面临的挑战和新机遇

近年来，我国预制菜产业迅猛发展，形成了一个庞大的产业链，横跨农业生产、加工流通、餐饮服务以及市场消费等多个环节。预制菜的引入满足了市场对效率和品质不断增长的需求，为餐饮企业降低成本、提高效益提供了有力支持，同时促进了农产品的标准化发展，为消费者创造了更为便捷的用餐体验。预制菜行业的高速发展带动了一批设备厂商、生产线集成商、冷链运输商的发展，新一代信息技术在企业生产经营管理中的应用逐步深入。但我国预制菜行业与日本、欧美等世界先进水平相比存在自动化创新能力不足、发展基础差、底子薄等问题，且生产、包装、运输标准化程度普遍不高。从预制菜选材与粗加工看，果蔬的处理、不同部位肉类分割等始终是巨大挑战。据统计，在类球形果蔬中，丑果残果占比高达30%，大小参差不齐的水果如何实现标准化加工处理成为预制菜加工生产的一大难点。从生产线成套加工设备应用情况看，与西餐相比，中餐品类众多，加工难度大，复杂度高，行业智能化装备研发要求高。从包装层面看，市场对于预制菜有较高的食品安全与风味的要求，需要加强包装与保鲜技术研发，推动包装标准化，对抗菌包装技术、高阻隔包装材料、机械强度等做出统一规定。从保鲜与冷链运输环节看，中餐预制菜品类众多，需要深入研究如何在制冷和解冻的过程中更有效地保持每道菜品的营养成分和风味。此外，我国预制菜生产企业管理营销模式单一且知识型工作自动化程度低，供应链数字化管理水平仍然偏低，无法快速响应市场需求。仅有少许头部企业实现供应链的智能化和精细化管理，如利用数据技术对供应链进行精准管理，高效统筹商品信息、库存状态、物流动态等。

全球新一轮科技革命和产业变革正加速孕育兴起，第四次工业革命的浪潮来袭，与预制菜行业转型升级形成历史性交汇，给企业带来了新的发展机遇。智能化转型升级已成为预制菜行业重要发展趋势，催生着企业生产方式、产业形态以及商业模式发生着深刻变革。预制菜企业通过发展智能制造改进自身条件已具备相应的条件，具体体现在：

(1) 规模化、集约化、安全化生产为预制菜行业推行智能制造提供内在动力

预制菜行业作为一个新兴产业，正处于高速发展阶段。为满足规模化、集约化的生产模式叠加个性化的消费需求，企业必须提高生产规模、生产效率以及经营管理能力以适应广阔的市场需求，增强行业竞争力。此外，预制菜行业产品质量、安全与风味是当前消费者关注的核心要点，企业可以通过智能化改造实现技术创新，通过标准化生产设备、生产工艺，全链条质量追溯，供应链数字化管理、数字化营销等智能制造具体的技术手段实现高效、安全、绿色发展。

(2) 国家智能制造顶层规划和"三品"行动方案为预制菜行业实践智能制造创造良好基础

2021年发布的《国家智能制造标准体系建设指南（2021版）》明确指出，要建设细分领域的行业应用标准体系，食品行业重点面向乳品饮料、酿酒、冷冻食品、罐藏食品等领域，制定智能工厂设计、酿造灌装、工艺决策、远程运维、标识解析等标准。2022年发布的《数字化助力消费品工业"三品"行动方案（2022—2025年）》提出了数字化助力增品种、提品质、创品牌的新任务和目标，用数字化技术全面推动消费升级。预制菜行业作为消费品工业重点发展领域，应通过数字化手段提升企业研发、生

产、运营、营销等环节,结合大数据挖掘消费差异化触点,加快企业智能化改造提升。未来随着预制菜企业相关标准体系的建立和"三品"专项行动的深入实施,预制菜企业将逐步建立起对智能制造的统一认识;同时,行业协会、研究机构、智能制造系统解决方案供应商生态的不断完善,也将为预制菜行业转型升级提供必要的支撑与保障。

(3) 标杆企业经验为预制菜行业发展智能制造提供示范模板

目前,已有部分预制菜企业在智能制造应用方面积累了一定的经验,这些企业积极定制和应用各类智能化生产线,研发新型生产工艺,并将汽车制造、装备制造等其他行业的一些先进理念做法与预制菜生产实际相结合,形成了具有行业特色、适应性强的解决方案,这些经验可以在本行业内复制推广。此外,部分智能制造应用水平高、核心竞争优势突出、资源配置能力强的龙头企业建设了供应链协同平台,打造数据互联互通、信息可信交互、生产深度协同、资源柔性配置的供应链,全方位带动了本行业以及产业链上下游企业智能化改造升级。

第二章 预制菜行业智能制造场景矩阵

由于预制菜生产方式略有不同,编写组经过调研和访谈,总结了预制菜制造过程中需要解决的核心问题,主要包括:智能装备应用、质量管控、计划调度、设备运维、安全环保、营销管理、供应链管理等内容。上述活动的高效进行是保证预制菜制造的重要基础,在践行预制菜智能制造时,应以预制菜行业关注的核心问题为落脚点,切实解决制造过程的实际问题,以提升相关核心指标为实施目标。预制菜行业重点关注环节如图 2-5 所示:

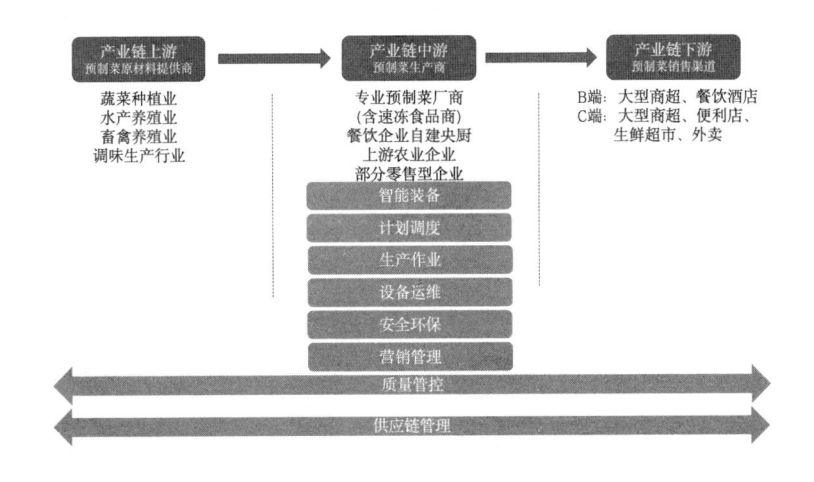

图 2-5 预制菜行业重点关注环节

第一节 智能装备

装备自动化是企业迈向智能制造的基础性、关键性的一步。预制菜生产涉及原料预处理、腌制/调味、烹饪、冷却、包装、杀菌等众多工序，应用自动化设备可以在生产过程中取代部分人工操作，加快生产速度，减少人为接触，降低产品污染的风险。同时，自动化装备可以提供更为精准化和标准化的生产过程，保障产品质量的一致性。此外，已有部分企业将自动化装备整合先进的数字化技术，实现智能化管理、监控和优化，为生产过程质量追溯、智能化排产调度等打下基础。

第二节 计划调度

在预制菜行业生产调度中，生产计划的制定和管理占有举足轻重的地位。"以销定产"是预制菜行业的基本原则，以安全、稳定、优质为条件，生产计划主要考虑市场和季节性变化，相比较传统食品行业更关注即时需求。企业根据市场的需求预测原材料和能源的供给情况、生产加工能力与生产环境的状态，利用生产过程全局性和整体性的思想，确定企业的生产目标，制定企业的生产计划，协调企业各局部生产过程，从而达到企业总体最优目标。同时，为了适应激烈的市场竞争，对生产调度的实时性、协调性和可靠性提出了很高的要求。

第三节 生产作业

预制菜生产的核心目标是通过标准化、数字化连续生产，提升生产过程的稳定性和生产效率。现阶段预制菜中央厨房加工大多以人工操作自动化设备为主，生产加工过程中人员主观能动性不同，导致标准化工艺难以执行，造成预制菜生产批次质量一致性难以控制、生产过程难以管理等问题。因此，企业需针对原材料和半成品的生产加工建立严格规章，通过称量计算成品率、损耗率、结余等建立有效的数字化信息，便于产量数据的控制。针对关键工艺，可以提炼核心数据，建立生产加工工艺机理模型，指导员工在设定阈值内执行操作，解决产品质量一致性差的痛点。

第四节 质量管控

民以食为天，食以安为先，安以质为本。确保食品安全是预制菜行业生存发展的根本所在。预制菜行业产品品质鉴定以及产品从选购、生产、加工、成品、冷链运输的质量追溯，是食品质量和食品安全的基础与保障。一方面，考虑到取样检测的结果对于后续工艺的控制和成品质量影响较大，需要在生产原料配给端进行严格检验，涉及材料追踪、重量核算、供应商确认等环节，保证材料取样与检测的客观性。另一方面，在生产过程中和成品阶段进行抽样检测，保证各项质量指标满足工艺要求。由于预制菜行业的实验室管理也是质量管理的重要组成部分，对实验过程、实验数据、检测样本、历史数据等进行全流程信息化管理，是企业控制质量、提升工艺的重要手段。同时，基于实验室信息管理系统，企业可以结合自动化技术与数字化实验仪器，实现实验过程本身的少人化、无人化、智能化。

第五节 设备运维

对于预制菜制造，部分关键设备的非计划停机可能会对整个生产过程造成影响，造成巨大经济损失，引发安全事故。设备的寿命很大程度上取决于维护保养的好坏，随着生产进行，设备不可避免地会出现螺丝松动、干摩擦等异常问题。因此，企业需要对关键设备（切割设备、蒸煮设备等）的参数进行监控，基于设备健康程度实行有效的设备管理，同时挖掘设备潜能，监控场景需覆盖设备巡点检、大修的管理，设备资产管理，设备知识库管理等，并能够根据不同设备对应的特性进行定制化的维护。

第六节 安全环保

预制菜生产企业涉及的产品种类较多,在生产加工过程中不可避免地会有排放物产生,一定程度上会给环境带来污染,如原材料加工与清洗过程中产生的废水与尾菜垃圾、蒸煮或烹饪产生的蒸汽和废气、包装产生的废弃物等。同时,对于部分预制菜生产企业,其生产过程中存在高温以及高压装置,因此,国家对于食品生产安全以及食品安全也有较高的要求,需要通过智能制造等相关技术,降低生产安全事故发生的可能性,并通过合理的工艺改进、相应的环保管控措施,减少生产过程污染物,实现绿色协调可持续发展。

第七节 营销管理

预制菜行业作为一个完全自由竞争的行业,行业内中小型企业较多,进入门槛相对较低,竞争激烈,企业想要在激烈的竞争中生存发展,就需要做好全面、闭环、立体的数字化营销。企业可以构建全渠道营销服务平台,通过电商平台、社交媒体等拓展销售渠道,构建营销管理体系,全面做好市场、消费者数据采集与分析工作,深入了解消费者需求和市场趋势,来实现全渠道的营销战略,引领企业高质量发展。

第八节 供应链管理

预制菜生产企业普遍通过供应链体系进行生产与销售。与传统的自产自销模式相比，供应链管理更有利于控制生产成本以及提高产能。企业可以加强供应链管理体系建设，强化对质量、成本、交期的管控，围绕标准化、智能化、协同化、绿色化的目标路线，以统一标准体系、统一物流服务、统一采购管理、统一信息采集、统一系统平台为主要手段，加快推动现代供应链体系建设，实现行业高质量发展。

第三章　预制菜行业典型智能场景

智能场景是指面向制造全过程的单个或多个环节，通过新一代信息技术、先进制造技术的深度融合，实现具备协同和自治特征、具有特定功能和实际价值的应用。其来源于企业转型升级建设过程中的经验积累以及智能制造能力成熟度现场评估中的评估实践凝练。从应用角度看，其具有适用性、可复制性和可推广性；从分类属性看，具有基础属性、行业属性和区域（集群）属性。

第一节　预制菜智能场景来源与作用

《江苏省"十四五"智能制造发展规划》中明确指出，聚焦企业、区域、行业转型升级需要，围绕工厂、企业、产业链供应链构建智能制造系统，开展多场景、全链条、多层次应用示范，培育推广智能制造新模式、新业态。《江苏省"十四五"制造业高质量发展规划》中指出要强化行业示范应用，面向装备制造领域，重点开发面向特定场景的智能成套生产线、模块化生产单元。"多场景""特定场景"等关键词对智能场景的收集、建设、示范、优化周期提出了长期规划要求。

因此，我们对省智能车间项目、试点示范项目、遴选的典型案例集以及智能制造能力成熟度的评估实践进行了筛选、总结、提炼，形成了一批具有专注于某一具体业务环节、具备关键核心技术、质量效益优质等特点的典型智能场景。

智能场景对于企业的作用可概括为两个方面。一是示范引领作用。在行业内遴选技术路线清晰、建设成果显著的企业场景作为示例，其落地性强，具有极高的参考示范价值，为计划进行"智改数转"的企业提供建设参考。二是借鉴参考作用。企业可查看同行业跨领域场景，分析吸纳成功场景解决方案中的逻辑和采用的技术路线，以"逻辑+技术路线"的方法指导企业场景建设。

行业智能场景库来源于企业实践，成长于跨行业借鉴，升华于新一代信息技术发展，成功于内在逻辑和操作方法。随着5G、人工智能、区块链等新一代信息技术与制造技术的深度融合，企业智能制造建设不同阶段有不同侧重，因此行业智能场景库的建设是一项循环往复、动态更新的工作。智能场景来源与作用如图2-6所示：

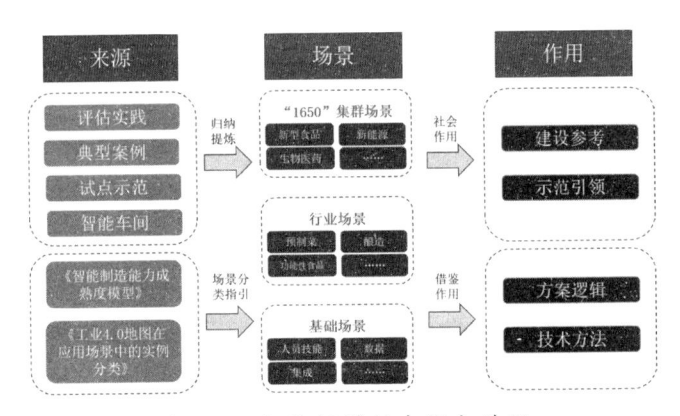

图 2-6　智能场景的来源与作用

第二节 预制菜智能场景的特点

智能场景是新一代信息技术与先进制造技术在制造过程单环节、多环节的典型应用。从场景的应用层面看，其具有泛用性、可复制性和可推广性。泛用性是指该场景的解决方案适用于特定行业具有相似生产和管理模式的企业。可复制性是指该场景可在同行业、同领域进行复制建设，必要时根据企业设备规模、人员水平、工艺特点、管理方式等不同开展优化。可推广性是指场景具有普遍性和代表性，可应用于同行业同领域其他企业。

根据智能场景特点，将所有场景分类为不同企业通用性较强的基础场景、具有行业特征的行业场景以及具有区域集群特征的集群场景。基础场景是指具有普遍性的场景，主要代表是运营管理类的场景，包括人员培训、财务管理、信息安全等。行业场景是指具有行业属性的智能场景，此类场景立足于不同行业自身特点，体现了该行业智能制造转型发展过程中所面临的行业独特性与行业内共性需要，蕴含行业知识和运转机制，具有重要的代表价值。集群场景指该行业智能制造方面的具有地域集群特征的场景。行业和集群场景分类可参考《智能制造能力成熟度模型》的20个能力子域以及《工业4.0地图在应用场景中的实例分类》中工业4.0应用场景分类。

智能场景建设有助于行业、产业、区域智能制造整体水平提升，有助于传统产业转型升级。建设行业智能场景库有如下优势：

(1) 改造成本和应用难度低，易于实施，成效明显

智能车间、智能工厂等所涉及的环节、层级众多，资金、人员、技术要求相对较高。智能场景由于是智能制造技术在制造过程单个环节或多个环节的应用，应用难度较低，智能化改造成本较低。同时，场景库给出了每个智能场景的建设技术路线，能够有效地给需要转型的企业提供示范展示，对于面广量大的中小企业，以智能场景为抓手的智能化改造是成效最为明显、最易于实施的企业智能制造水平提升方案。企业可以根据自身发展情况、生产经营的痛点难点，结合行业特点，由点及面，选择投入产出比最高的智能化改造方向，从单个场景或多个场景入手，逐步推行产线、车间、工厂等多层级智能制造示范应用。

(2) 场景具有行业特点，易于复制推广，实现以点带面的效果

以行业分类的智能场景库充分结合该行业生产经营管理特点，企业可以对标自身智能制造现状，"词典式"查询该行业典型环节、典型场景智能制造解决方案，有效评估该场景智能化改造建设成效，明确智能化改造方向，并将该方案快速复制应用。场景级智能化改造方案快速复制应用将进一步挖掘区域发展潜力，"以点带面""以面带全"推动全行业开启智能制造"万家争鸣"新时代，形成智能制造的"星火燎原"之势。

(3) 服务商供应端和制造企业需求端可实现精准对接，精准服务

广大企业对于智能制造，普遍存在"不知从哪儿建""怎么建""投多少"的困惑。通过行业智能场景库的对标，企业可以快速梳理智能化改造需求，服务商可以针对某一行业特定领域的部分场景快速积累成熟的场景级智能化改造实施方案，同时通过建设多层级、多行业智能制造解决方案供需对接平台，举办多种形式的解决方案供需对接活动，建立企业与服务商间的高效沟通枢纽，让企业有所求有所应。

第三节 预制菜行业智能场景

本节着重关注当前预制菜生产企业亟需的智能场景，结合当前预制菜行业整体水平，总结归纳了预制菜行业存在共同特征和相似解决方案的智能场景，解决预制菜企业智能化改造、数字化转型、网络化连接过程中无参考、无指引的问题。通过企业提报、归纳提炼、专家评审的流程，初步筛选构建清洗、烹饪、冷冻、包装等预制菜核心智能装备以及预制菜校园团餐数字化菜谱推荐等十三个典型场景。预制菜行业智能场景矩阵如图2-7所示：

环节	预制菜行业智能场景
装备	清洗、烹饪、冷冻、包装等预制菜核心智能装备
工艺设计	预制菜校园团餐数字菜谱推荐
计划与调度	基于APS的预制菜生产计划优化
生产作业	基于MES系统的中央厨房预制菜生产管理
	基于数字化模型的中央厨房预制菜生产优化
质量管控	预制菜校园团餐农产品种植与品质检测
	预制菜全链条质量追溯
设备管理	预制菜生产设备全生命周期管理
能源管理	预制菜能耗数据采集监控
客户服务	预制菜产业链下游客户关系优化
	基于CRM系统的预制菜精准营销
供应链管理	预制菜供应链数字化智能协同
	预制菜冷链物流实时监测与优化

图 2-7　预制菜行业智能场景矩阵

1. 清洗、烹饪、冷冻、包装等预制菜核心智能装备

本场景从预制菜生产所涉及的预处理、腌制/调味、烹饪、快速冷却、装盘与包装、杀菌等环节入手，梳理了预制菜核心智能装备工作原理及应用场景，帮助企业精准匹配装备应用需求。预制菜核心智能装备见附录。

2. 预制菜校园团餐数字菜谱推荐

■**场景概述**

打造以数字菜谱工艺模型＋炒菜机器人为核心的校园团餐烹饪智能化体系，通过厨联网平台，实现对校园团餐的智能化管理

及运营，显著提升烹饪、采购环节的质量和效率，有效降低运营管理成本。

图 2-8　预制菜校园团餐数字菜谱推荐

■ **痛点堵点**

校园团餐传统运营模式用工相对复杂且灵活，一方面面临着人力成本居高不下、人员流动性大的问题；另一方面经常因时令食材价格波动而不得不临时调整菜谱。菜谱的不统一、不标准导致供应链采购繁琐的同时，无法有效为中央厨房输送标准化大批量订单，也使团餐生产环节成本居高不下。

■ **解决方案**

在校园团餐消费环节，打造以数字菜谱工艺模型＋炒菜机器人为核心的烹饪智能化体系，通过厨联网平台，实现对炒菜机器人的智能化管理和远程运维，有效降低菜品烹饪环节的人力成本，保证菜品出菜标准化。平台联合烹饪大师构建大师 IP 认证和授权体系，沉淀菜谱机理模型，实现从大师厨艺到标准化数字菜谱的转化，并以标准化菜谱为依据，面向下游央厨和工厂下达采购订单。同时基于食材营养素含量、食材价格以及历史采购数据等限制条件，生成校园团餐数字菜谱推荐模型，指导后厨制定更精准的采购计划。

■ **建设成效**

通过数字菜谱+炒菜机器人的方式对团餐后厨进行智能化升级，实现机器代人，减少对后厨人员的依赖，保证菜品出菜标准化，有效降低菜品烹饪环节的人力成本。同时依托团餐数字菜谱推荐模型，指导团餐后厨制定更合理的采购计划，进一步降低后厨采购及运营成本。

3. 基于 APS 的预制菜生产计划优化

■ **场景概述**

建设应用高级计划排程系统（APS），针对设备、生产状态数据、调度指令和操作指令等方面构建数字化基础，搭建生产过程数据与企业资源管理、高级排程等系统集成的网络架构，实现预制菜生产过程的实时监控、生产数据采集分析以及生产计划智能优化，及时有效进行资源协调以实现生产目标。

图 2-9　基于 APS 的预制菜生产计划优化场景示意图

■痛点堵点

预制菜订单小且分散，订单涉及货品较多，人工排产工作量大，排产周期长。遇到插单、改单、计划调整等情况，则无法评估调整。传统预制菜生产数据不透明，难以有效指导精准备料，车间动态产能难以评估。

■解决方案

建设应用高级计划排程系统（APS），通过设备数据采集软件，由 PLC 实时采集预制菜生产设备信息，再通过 MRP 协调全生产要素，并根据工艺约束、设备、物料、班组、生产日历、工装模具等各种生产制约条件进行有限产能的自动化高级计划排程。生产过程中出现异常情况时，通过智能算法及时进行资源协调以实现生产目标，同时帮助预制菜工厂制订高精度的详细生产计划、物料需求计划以及采购计划等，实现缩短制造提前期，削减库存，提高交货期准确率，并实现客户的利益增长。

■ 建设成效

解决人员经验技能依赖、预制菜生产计划难以优化、无法实时调度管控的问题，大幅提升了排产效率以及设备利用率，降低了沟通成本，提高了生产效率，缩短预制菜生产周期，提高按期交货能力。

4. 基于MES系统的中央厨房预制菜生产管理

■ 场景概述

构建以MES系统为中心的中央厨房生产管理平台，实现菜谱档案管理、生产管理和物流管理。研制统一的热销品和特色美食，实现菜谱档案管理；执行标准化加工，将食材提前切配、制作以完成预制菜的生产管理；基于客户要求完成产品包装配送，实现物流管理。

解决的痛点	传统餐饮出菜低效	缺乏有效流程化操作	无法对工业流程全面管理
	数字化	网络化	智能化
解决方案	中央厨房生产管理平台	实时数据库、工业网络	生产制造出大量标准化、规范化、口味统一的预制菜配送到相应的门店
	清洗机、切菜机、自动炒菜机等预制菜加工设备	与WMS、ERP系统集成	
建设成效	在食材采购、物流运输上具有更强的议价权	实现企业利润最大化	保证预制菜品质、卫生标准的一致性

图2-10 基于MES系统的中央厨房预制菜生产管理场景示意图

■ **痛点堵点**

传统的餐食企业自动化程度低，出菜低效，对后厨依赖严重。流程化和信息化程度不高，缺乏有效的流程化操作，不能有效地借助信息化手段等技术对预制菜生产流程进行全面的操作和管理。

■ **解决方案**

构建以 MES 系统为中心的中央厨房生产管理平台，并与 WMS、ERP 系统进行集成，实现菜谱档案管理、生产管理和物流管理。根据当地特点和消费者需求，推出统一的热销品和特色美食，实现菜谱档案管理。生产管理方面，中央厨房生产管理系统聚集所有连锁商店要货计划，结合市场预测制订采购计划，通过统一渠道集中采购原材料，并由实验室采样进行农残检测。MES 系统可通过对生产过程中的原材料采购、加工过程、包装等关键环节进行实时监控，采集加工设备数据，并对生产数据进行实时分析，出现问题及时预警，并按照连锁商店要求对不同的成品或半成品进行统一包装。冷冻储藏后，通过系统按时按量将产品配送至连锁门店，实现物流管理。

■ **建设成效**

央厨＋预制菜的经营模式，在食材采购、物流运输上具有更强的议价权，具备规模效应。能减少对后厨人员的依赖，降低人工成本和厨师流失风险，实现企业利润最大化，保证了预制菜品质以及卫生标准的一致性。

5. 基于数字化模型的中央厨房预制菜生产优化

■ **场景概述**

针对预制菜中央厨房生产加工，利用智能仪器仪表传感器实现预制菜生产关键环节控制点数据采集，提炼斩拌、水浴成型等生产数字化模型，借助动态模型规范生产工艺执行，保障产品加工质量。

图 2-11 基于数字化模型的中央厨房预制菜生产优化

■ **痛点堵点**

现阶段预制菜中央厨房已经具备大规模、批量化生产加工能力，囿于食品加工大多以人工操作自动化设备的生产现状，生产加工过程中人员的主观性难免会导致标准化工艺难以执行，造成预制菜生产批次质量一致性难以控制、生产过程难以管理等问题。

■**解决方案**

针对预制菜加工,中央厨房提供"精益+智能"生产数字化模型解决方案。面向传统的中央厨房,针对关键质量控制点部署传感器采集加工环节数据,推演当前工况下的最优操作工艺。基于操作工艺,提炼关键环节数据,构建食品生产加工机理模型。通过生产过程数字管控应用,借助添加工业面板等可视化手段,实现加工机理模型的动态配置与灵活下发,利用实时采集的动态模型数据,指导产品生产员工操作。并基于模型设定阈值在工艺执行不规范时提供告警,规避解决食品生产工艺不标准所导致的产品质量一致性难以控制等痛点。

■**建设成效**

通过生产数字化模型解决方案,实现预制菜中央厨房的数字化转型,形成关键加工数字化模型,规范关键生产加工环节的操作工艺,提升产品质量一致性。借助生产过程管控,强化中央厨房生产管理能力,并基于大量生产数据与模型,辅助预制菜企业新品研发以及产品迭代工艺优化。

6. 预制菜校园团餐农产品种植与品质检测

■**场景概述**

针对预制菜校园团餐上游食材供应,提供数字农事管理与品质检测服务，利用农业传感器汇集农产品种植环节中光照、温度、长势等数据，借助农事管理规范化食材种植过程，提供农产品可信种植过程数据并通过品质检测，实现预制菜校园团餐食材质量控制。

图 2-12 预制菜校园团餐农产品种植与品质检测

■ **痛点堵点**

预制菜校园团餐质量是学生家长、学校及相关机关单位关注的重点，传统农业种养殖无法为中央厨房提供农产品种养殖及质量数据。此外，中央厨房食材检测缺少数字化信息使加工食材质量信息难以贯通，导致校园团餐无法有效保障食材质量。

■ **解决方案**

面向农业生产端，提供数字农事管理解决方案。针对不同区域、不同业态的农业基地/园区，通过部署农业数字基础设施，汇集光照、温度、长势等种养殖环节数据；通过 AIot 数字农事服务，借助种养殖环节数据，打造面向农业关键场景的水费模型、病虫害模型、环境调控模型。利用数字种养殖,一方面解决水肥管理、病害预测防治等痛点难点问题,为预制菜生产提供高标准、高质量食材,另一方面完善农产品安全溯源要素数据,面向品质检测。通过农产品数字检测服务,形成农产品农残抑制率、激素含量、产品过氧化值等核心质量指标的数字化。通过健康食材供应链服务,为学生家长、学校及校园团餐监管单位提供可信食材检验检测数据,进一步保障校园团餐食材质量。

■建设成效

通过农产品种植与品质检测数字化,形成校园团餐预制菜上游农产品生产到供应的全环节要素数据闭环。从种养殖源头提升产品质量,保障了食材安全,实现质量在线监测与跟踪追溯。

7. 预制菜全链条质量追溯

■场景概述

构建预制菜质量追溯系统,通过食品包装上的条形码、二维码、RFID等绑定原辅材料信息、生产信息、质检信息等数据,实现从原料、生产、质检、包装、存储、冷链运输、销售到使用的预制菜全链条质量数据跟踪追溯。

图 2-13 预制菜全链条质量追溯场景示意图

■痛点堵点

预制菜行业原料种类多、产业链条长，且采购、生产、销售环节相互割裂，存在信息孤岛。传统的预制菜生产过程中的数据多为人工采集并记录，容易造成质量数据偏差。预制菜产品质量仅能追溯至批次，存在一定的局限性。

■解决方案

构建预制菜质量追溯系统，基于条形码、二维码、RFID等赋予预制菜产品唯一的标识，绑定原辅材料信息、生产信息、质检信息等数据，在不同环节采集相关数据实时上传至系统，实现从原料、生产、质检、包装、存储、运输、销售到使用的全过程质量追溯。有关质检数据通过系统进行统计分析用于优化生产，实现原料来源可追溯、产品流向可查询、风险可防范、责任可追究。系统可根据不同权限展现不同环节信息，针对消费者或食药监等相关部门，可以看到部分开放信息，企业管理者可以查看预制菜生产全过程各环节信息。

■ **建设成效**

在预制菜的原料采购、生产、销售全环节进行质量管控，可以确保产品质量，实现产品信息透明化。使企业做到生产有记录、质量可追溯、产品可召回，实现预制菜溯源数字化，增强消费者满意度与认可度，提升预制菜品牌形象。

8. 预制菜生产设备全生命周期管理

■ **场景概述**

建设预制菜生产设备管理系统（EM），涵盖设备设施资产管理、文档维护、数据管理、预防性保养、工单管理、备品备件管理、现场点巡检移动管理等功能，集成故障分析知识库，自动生成技术和维修成本分析报表，实现设备可视化、数字化、智能化管理。

解决的痛点	纸质单据记录易丢失	设备状态缺乏有效监测	设备维保难以定时定期
	数字化	网络化	智能化
解决方案	设备电流、振动等数据采集	实时数据库、工业网络	设备预测性维护
	故障类型知识库、设备档案	ERP/PLM/MES/SRM/CRM/WMS/BCS集成	设备状况在线诊断
建设成效	减少菜品质量下降等问题	提升设备可靠性可用率	设备管理更科学

图 2-14　预制菜生产设备全生命周期管理场景示意图

■ **痛点堵点**

传统预制菜生产设备档案以及检维修通过纸质单据记录，单据容易丢失，设备管理维护较为困难。设备运行状态监测常采用人工定期巡检的方式，难以准确、及时地发现设备运行潜在的风险。设备缺乏中间流程跟踪管理，设备保养与维修难以做到定时、定期。

■ **解决方案**

建设预制菜生产设备管理系统，在主要设备上安装传感器，实时采集设备运行电流、排气压力、排气温度、油分温度等数据，并通过设备管理系统平台进行展示和分析，实现设备的智能报警与精密诊断。基于系统搭建预制菜工厂设备数字化档案并建立设备维护结构树，全面掌握每台设备的信息及运行动态，并通过移动设备完成执行现场维护工作，有效监督点巡检执行情况。设备有关故障信息可通过系统进行记录与分析，并形成数据库，为后续维保工作提供技术支持。

■ **建设成效**

对预制菜设备进行全生命周期管理，能够减少因设备损坏和故障导致菜品质量下降等问题。设备故障记录可以帮助维护团队调整预防性保养计划，改进设备的可靠性，提升设备可用率。备品备件管理更为科学，可用于改进预防性维护保养工作，并优化库存与采购。

9. 预制菜能耗数据采集监控

■场景概述

建设能源管理系统，在用能设备上安装数据采集装备，将企业的水、电、燃气等用能数据采集到能源管理系统，进行数据分析、监测和追溯管理。横向比较能耗设备历史数据，发现异常运行设备，优化设备参数，改善预制菜工艺制程。

解决的痛点	人工抄表、核算方式费时费力	能耗数据管理粗放，数据价值低	无法通过数据追溯提升能耗管理水平
解决方案	数字化	网络化	智能化
	能耗采集装置	实时数据库、工业网络	调整能源分配策略
	能源管理系统	与ERP/MES集成	各部门节能责任清晰明确
建设成效	设备数据化管理	能源优化调度	加强能源消耗管控

图 2-15　预制菜能耗数据采集监控场景示意图

■痛点堵点

预制菜生产涉及部分高耗能设备，传统人工抄表以及核算方式费时费力。能耗数据管理粗放，无法对预制菜生产过程各设备、人员、单位产品能耗进行采集分区，数据价值低。数据未实现共享、关联，无法通过追溯提升能耗管理水平。

■ **解决方案**

构建能源管理系统，对电、水、天然气、蒸汽等能耗数据采集装置进行连接，存储与展示实时采集到的能耗数据，为后续计算、分析、应用提供数据信息。通过横向比较能耗大数据，对能耗数据进行规则和模型分析，分析目标包括设备用能情况、单位产品消耗、异常用能警告等。管理员通过能源管理系统查看各类各项设备能耗分析结果，准确掌握各类能耗发展趋势，及时调整能源分配策略，下发能源优化计划任务分解到各个预制菜生产车间，使节能工作责任明确。

■ **建设成效**

对预制菜生产设备进行数字化管理，精确了解各设备和环节的能耗数据，帮助企业针对能耗现状进行运营管理模式的最优化改进，解决了预制菜工厂能源消耗难以及时管控的问题。

10. 预制菜产业链下游客户关系优化

■ **场景概述**

搭建预制菜产业链下游客户关系管理系统，对客户集中管理，建立客户标签，方便营销人员有条件对客户做到"一对一"营销，实现获取客户—筛选客户—采取策略与客户沟通—促进成交—服务客户的过程管理,同时为企业提供全方位的消费者管理视角,通过系统实现更完善的客户交流能力,最大化客户的收益率。

图 2-16 预制菜产业链下游客户关系优化场景示意图

■痛点堵点

预制菜营销获客渠道较多,人工管理各个渠道客户工作繁重且工作效率较低;缺乏系统性的客户标签,不能准确筛选跟进客户,无法做到精准营销;不同部门做出的报告零散、各自为政,无法提供有效的决策支撑。

■解决方案

搭建预制菜产业链下游客户关系管理系统(CRM),对所有客户集中管理,包括客户基本信息,如联系人的年龄、生日、喜好、与企业的联系历史等诸多信息。建立客户标签,使得营销人员有条件对客户做到"一对一"营销。通过企业微信,定向传递客户标签到销售一线,协助销售人员通过定期关爱活动,解决复购依从性低的问题，实现获取客户—筛选客户—采取策略与客户沟通—促进成交—服务客户的过程管理。同时收集消费者关注的预制菜热点问题，多维度分析 B 端和 C 端客户对预制菜的需求，为预制菜业务增长提供更有价值的报告，为市场营销提供方向和验证活动效果，增强客户黏性。

■ **建设成效**

通过客户关系管理系统，实现客户的统一管理，加强了销售人员与客户交流能力，通过客户标签提升了企业销售人员对客户的了解，也方便对客户制定有针对性的营销策略，最大化客户的收益率。

11. 基于 CRM 系统的预制菜精准营销

■ **场景概述**

搭建客户关系管理系统，与 ERP 系统联通，集成预制菜销售、生产、物流等业务，实现多渠道、多波段的营销执行，打造全方位的预制菜产品客户视图和跨渠道、跨产品分销的洞察与销售分析能力。

解决的痛点	终端数据无法掌握	无法开展差异化营销管理	无法实现利益最大化
↓	数字化	网络化	智能化
解决方案	客户数据分析整理	实时数据库、工业网络	制定、审批销售计划
	客户关系管理系统	与ERP系统联通	滚动预测市场情况
↓			
建设成效	客户信息化管理	实现全方位的客户视图	提升营销决策能力

图 2-17 基于 CRM 系统的预制菜精准营销场景示意图

■痛点堵点

传统经销模式中，预制菜产品销往终端的数据常在经销商环节被拦截，企业无法及时掌握终端数据，品牌无法及时收到渠道的实时反馈，不利于开展差异化营销运营和铺货管理，终端不能借助预制菜品牌营销活动实现最大利益。

■解决方案

搭建客户关系管理系统，加强客户数据的搜集和整理，与 ERP 系统联通，集成销售、生产、物流等业务，实现销售计划指标分解、归集以及协调。客户关系管理系统支持营销活动预算管理以及营销活动计划，对营销效果进行评估分析，对比计划数据、实际数据以及历史数据，根据营销执行情况随时调整营销策略，在与 ERP 系统联通后，实现对销售计划的制定、审批功能，系统汇总实际执行情况，并与计划对比，进行滚动预测，同时可以根据执行情况修正营销计划，调整预制菜产品营销策略。

■建设成效

解决了客户管理信息化的难题,实现全方位的预制菜产品客户视图和跨渠道、跨产品分销的洞察与销售分析能力,并提升了市场预测及营销决策能力,最终实现企业产销协同一体化,提高客户满意度。

12. 预制菜供应链数字化智能协同

■场景概述

构建预制菜供应链数字化智能协同平台,集成生产、采购、仓储、运输、销售等管理系统,横向打通预制菜上下游供应链数据。在供应商服务端,集成ERP、OA、HIP合同管理、QC系统,提供企业与供应商之间信息传递、招标询价协同、采购订单协同、采购质量协同、往来账务管理等业务处理,实现预制菜供应链智能化管理。

解决的痛点	供应商缺乏统一的管理	采购过程很难追溯	不利于公司的精细化管理和高效的发展
	数字化	网络化	智能化
解决方案	供应链数字化智能协同平台	实时数据库、工业网络	提供企业与供应商之间信息传递、招标询价协同、采购订单协同、采购质量协同、往来账务管理等业务处理
	横向打通供应链生产、采购、物流等环节数据	与SAP、OA、HIP合同管理、QC系统集成	
建设成效	提高供应链的作业效率	快速应对订单需求	提高产业链上下游协同效率

图 2-18 预制菜供应链数字化智能协同场景示意图

■ **痛点堵点**

原料采购多为线下进行，对供应商缺乏统一的管理，采购需求多反复确认，采购周期长，过程难以追溯。线下对账精准度低且耗时，内外部协同效率低，不利于公司的精细化管理和高效发展。

■ **解决方案**

构建预制菜供应链数字化智能协同平台，集成生产、管理、采购销售、仓储物流等管理系统，横向打通预制菜供应链各环节数据。在供应商服务端，平台与 ERP、OA、HIP 合同管理、QC 系统集成，实现供应商管理、寻源管理、订单分配、供应商协同等核心模块功能，提供企业与供应商之间信息传递、招标询价协同、采购订单协同、采购质量协同、往来账务管理等业务处理，实现相关单元化信息数据正向可追踪、逆向可追溯、横向可对比，同时为后续建立客户数据分析模型提供了扎实的数据基础。

■ **建设成效**

优化预制菜供应链各环节管理，提高预制菜供应链稳定性，实现各环节信息可追溯；能够快速有效应对预制菜订单需求，满足多品种、小批量、高效率需求；通过各系统集成，促进企业内外部协调管理，打通端到端的供应链业务链，提高上下游供应业务的协同效率。

13. 预制菜冷链物流实时监测与优化

■**场景概述**

建设冷链运输管理系统，应用智能传感、物联网、实时定位和深度学习等技术，实现预制菜产品冷链物流配送全流程跟踪和异常预警，并优化装载能力和配送路径。

图 2-19 预制菜冷链物流实时监测与优化场景示意图

■**痛点堵点**

大部分预制菜需要通过冷链运输，温度和湿度要求高，缺少合理物流规划与管控，容易导致预制菜品质变差及细菌滋生。多数预制菜企业主要依托于第三方物流公司对产品进行冷链运输，产品配送进度、配送时间等相关信息沟通费时费力，运费、杂费等物流成本缺少合理评估，物流公司服务品质无法有效管控。

■**解决方案**

建设运输管理系统，建立车辆进出场预约机制，确保厂内车辆有序作业，提升运输效率，同时对所有进出场车辆进行管控。成品发货与运输环节形成订单—运单—排队预约—过磅—装货—在途跟踪的有序作业步骤，确保各个业务环节透明高效。根据 GPS 盒子、手机小程序自主上报、集成第三方物流数据等方式，全流程跟踪产品状态，实时采集冷链车内温湿度情况，出现异常及时报警，实时把握物流状态并记录信息，确保预制菜产品质量、口感和食品安全。根据重量、体积、阶梯计费，按公式的个性化综合计价方式等，帮助企业快速、准确地计算各种物流费用。

■建设成效

通过提供软硬一体的冷链物流跟踪在途智能监管方式，帮助客户及时查询预制菜产品运输状态，提前做好货物接收准备。系统可以通过自动预警异常、主动邮件、微信通知等方式，减少因运输途中温湿度波动产生的预制菜质量安全问题，并基于车型和大数据进行路线优化，提升配送效率，降低配送频次。

第四章 预制菜行业小结

随着预制菜产业体系不断完善，相关标准不断健全，物联网、大数据、区块链以及无人化物流等信息技术深入应用，预制菜行业将会涌现更加便捷、高效的解决方案，打造一批灵活叠加的智能制造典型场景，推动预制菜行业向标准化、绿色化、数字化、智能化的方向发展。

展望一：标准化将促进预制菜行业健康规范发展

随着预制菜行业的迅猛增长，对食品安全和行业规范的要求也不断提高。在此背景下，预制菜行业有望构建一个全面的标准体系。政府主管部门、高校、科研机构以及行业龙头企业将携手合作，规范预制菜的定义、范围及管理规范，完善预制菜原料种养植、采购、加工、储藏、饮食卫生等方面标准，确保食品安全主体责任得到有效执行。在标准化的推动下，将促进预制菜行业公平竞争，增强消费者对行业的信心，促进预制菜产业安全健康发展。

展望二：行业将打造多方协同的透明化、智慧化供应链

为满足快速变化的市场需求以及至关重要的食品安全需要，物联网、区块链技术将在行业得到深入应用，行业将出现供应链

协同服务平台。越来越多的企业建立智慧供应链、市场和供应商评价体系，并依托平台实现农林牧渔类企业、预制菜生产加工企业、物流企业、餐饮企业等上下游供需智能匹配、产品全生命周期可视跟踪、全链条质量协同管控、集采集销等服务，提升供应链协同效率和质量，带来商业模式的全新转变。

展望三：智能化市场预测和个性化定制将逐步兴起

随着云计算、大数据的发展，部分预制菜头部企业将打通工业互联网与消费互联网。基于消费数据采集分析，预测未来市场需求，提前调整产业和库存。此外，可以根据用户健康数据、饮食偏好和过往购买历史，挖掘个性化需求，构建消费驱动型组织模式，将加工过程热量、动量等参数与预制菜外观等理化特性相互联通，开展数字化预制菜设计制造、个性化定制以及柔性生产。

第三篇

第一章 纺织行业转型升级势在必行

■ 第一节 纺织行业发展背景

纺织行业是我国传统支柱产业,也是国民经济与社会发展的支柱产业、解决民生与美化生活的基础产业、国际合作与融合发展的优势产业。我国纺织行业具有极高的市场化程度,巨大的经济带动作用以及较强的全球市场竞争力。近年来,我国纺织行业发展优势持续强化,纺织化纤产量居全球首位,纺织品出口额占全球的比重持续提升。我国已建立起全世界最为完备的现代纺织制造产业体系,无论在生产工艺、生产效率,还是在生产品质、自主工艺技术装备等各方面,均已普遍达到国际先进或领先水平。

纺织行业是江苏的传统优势产业之一，在江苏经济发展中占据举足轻重的地位，对促进经济发展、带动就业增长、激发市场活力、释放内需潜力、加快经济转型等发挥着不可替代的作用。近年来，江苏省高度重视纺织业发展，深入实施转型升级工程，积极开展"三品"专项行动，加快推进产业改造步伐，纺织产业规模稳步增长，纺织综合效益明显提升，纺织业对经济社会发展的贡献度不断加大。江苏省人民政府发布的《江苏省"产业强链"三年行动计划（2021—2023年）》将高端纺织集群作为本省重点培育的先进制造业集群之一，着重发展品牌服装、化学纤维、纺织加工、纺织设备等重点产业链。

第二节 纺织行业的痛点堵点

纺织行业门类众多，主要包括化纤、纺纱、织造、染整、非织造布、服装家纺和纺织机械等多项细分领域，生产工艺流程较为复杂，能源资源消耗量巨大，安全环保要求严格。因此，纺织行业生产制造业与其他制造业相比，存在着诸多特点。

（1）劳动密集程度高

纺织行业是典型的劳动密集型产业，大量的工序仍然依靠人工操作，企业普遍存在招工难、用工难等问题。但随着产业结构的转型升级，行业逐渐由劳动密集型向资金技术密集型转化，越来越多的纺织企业正积极应用自动化、数字化装备，逐步提升生产车间智能化水平。

（2）生产工艺流程复杂

纺织行业工序多，流程长，兼具离散型和流程型，对前后工序生产作业的连续性、协调性要求较高，企业需要及时检测与掌握在制品与成品的质量。

（3）生产模式批量

纺织行业为产品大批量生产方式，生产车间设备数量庞大，同一车间或工区内多配置单一类型的设备。以一般大中型棉纺织厂为例，上千台的生产设备给企业带来了繁重的管理和维护需求，同时设备的高能耗运行也对企业能源管理带来较大的挑战。

（4）能源消耗和环境污染压力较大

能耗成本高、污染治理成本高是制约纺织企业发展的重要因素。目前我国印染纺织品年产量占世界比重60%以上，排放废水近20亿吨，印染废水中含有较多的有机毒物，废水回用率较低，企业面临较大的能源消耗和环境污染压力，需着力解决纺织生产加工绿色可持续发展问题。

第二章　纺织行业智能制造发展阶段

智能制造是基于新一代信息技术与先进制造技术深度融合，贯穿于设计、生产、管理、服务等制造活动各个环节，具有自感知、自决策、自执行、自适应、自学习等特征，旨在提高制造业质量、效益和核心竞争力的先进生产方式。

2015年，工业和信息化部率先组织在纺织、预制菜等行业开展智能制造试点示范行动，此举加速了纺织行业的转型升级，其间国内涌现出一批新模式应用项目，创建了一批纺织行业智能制造示范工厂。

2018年，中国纺织工业联合会发布《纺织行业智能制造标准体系建设指南》，该指南指出了我国纺织工业智能制造整体基础比较薄弱，智能制造尚处在起步阶段，提出了以标准化促纺织产业智能转型升级的思路，研制了纺织智能制造标准体系结构（如图3-1所示），提炼了纺织专业领域的"七条线"，即化纤、纺纱、织造、非织造、印染、服装、家纺以及纺织装备智能制造，明确了分专业领域推进智能制造的路径。

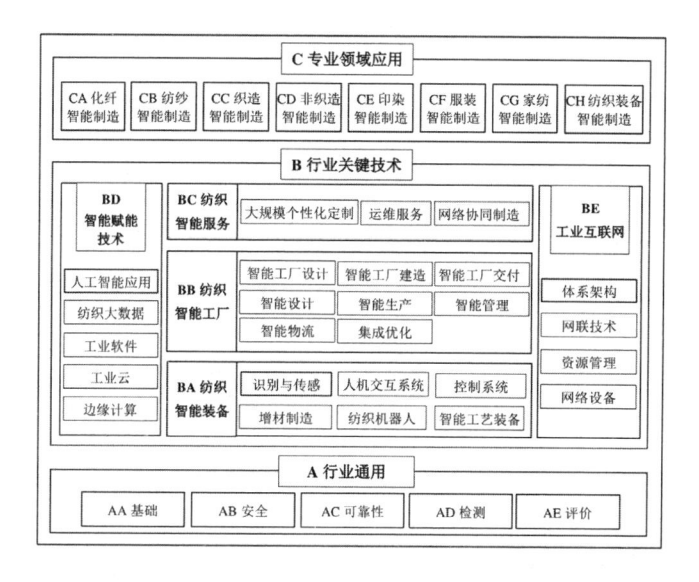

图 3-1 纺织智能制造标准体系结构

第一节 纺织行业智能制造水平分析

1. 智能制造能力成熟度低于全省平均水平

2020年10月，国家市场监督管理总局发布的《智能制造能力成熟度模型》（GB/T 39116-2020）国家标准，将智能制造自低到高划分为一级流程化管理（规划级）、二级数字化改造（规范级）、三级网络化集成（集成级）、四级智能化生产（优化级）、五级产业链创新（引领级）共五个等级，并通过智能制造评估评价公共服务平台（以下简称"平台"）发布全国企业智能制造水平报告。

根据2021年江苏省参与平台自诊断的310家纺织企业数据统计分析结果（如图3-2所示），85%的企业处于智能制造能力成熟度一级及以下水平，7%的企业处于成熟度二级水平，4%的企业处于成熟度三级水平，4%的企业处于成熟度四级及以上水平。此外江苏省纺织行业二级及以上成熟度企业占比均低于制造业平均水平，纺织行业智能制造水平有待提升。

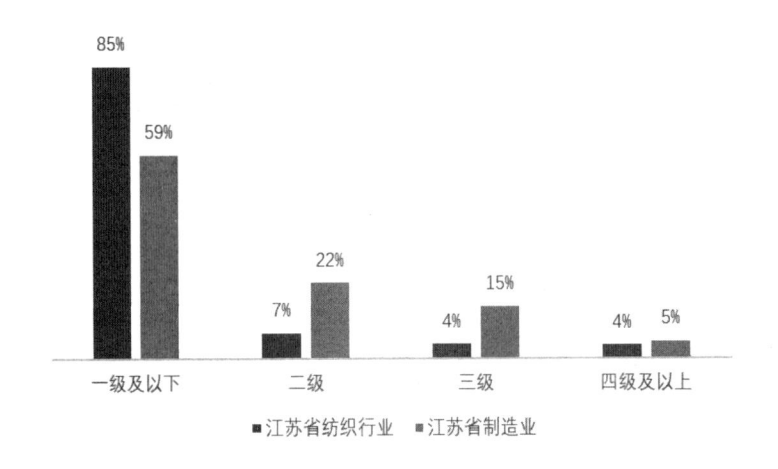

图3-2　江苏省纺织行业与制造业智能制造能力成熟度等级分布

2. 安全环保信息化管理水平有待提升

平台数据显示（如图3-3所示），江苏省内16%的纺织企业实现了能源集中管控，与江苏省制造业平均水平持平。22%的纺织企业实现了污染物在线监测，11%的纺织企业建立了典型安全技能培训、风险管理、职业健康等知识库，相关数据均低于江苏省制造业平均水平。

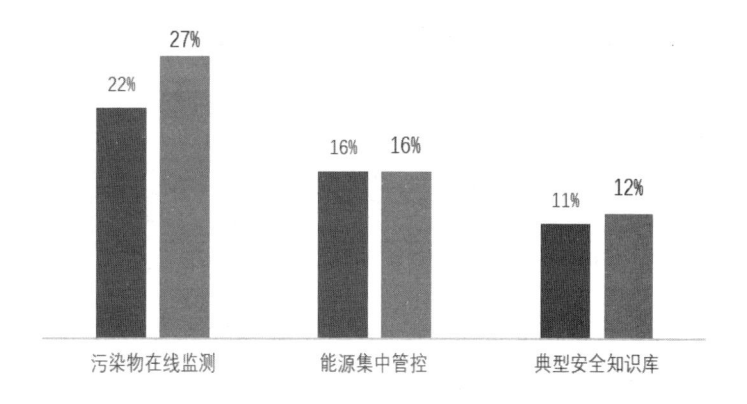

图 3-3　江苏省纺织行业与制造业安全环保水平对比图

3. 生产设备数字化管控水平有待加强

平台数据显示（如图 3-4 所示），江苏省纺织行业的装备数字化率为 33%，设备联网率为 30%，设备管理系统应用率为 9%，均低于江苏省制造业平均水平，纺织行业装备数字化水平有待提升。

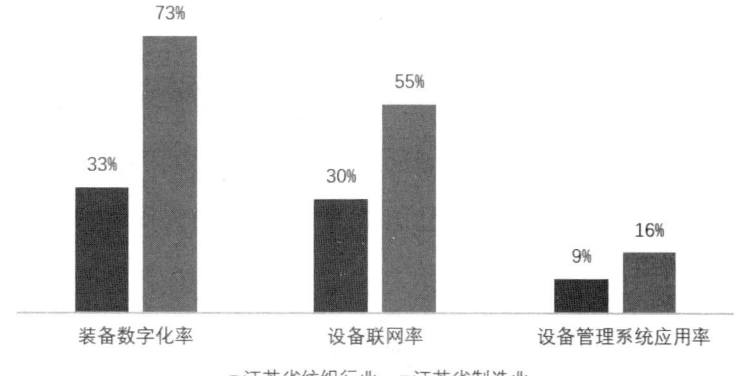

图 3-4　江苏省纺织行业与制造业设备能力对比图

4. 生产过程质量管理能力有待提高

平台数据显示（如图 3-5 所示），30% 的纺织企业实现了关键数据自动采集，9% 的纺织企业实现了生产数据全流程追溯，29% 的纺织企业实现了关键工序质量在线监测，11% 的纺织企业实现了质量数据集中管控。与江苏省制造业平均水平相比，纺织行业在生产过程数据采集、质量管控水平方面较为薄弱，亟待提升。

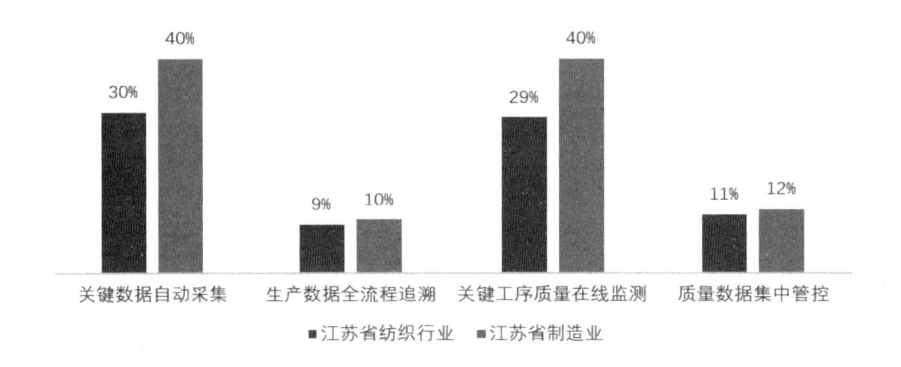

图 3-5 江苏省纺织行业与制造业生产管控水平对比图

总体来说，江苏省纺织行业智能制造水平低于全省制造业平均水平，大部分企业仍处于智能制造起步阶段。因此，当前智能制造提升的重点应聚焦核心装备和核心业务的数字化改造，广泛收集智能制造能力成熟度二级、三级与四级的典型案例，宣贯引导成功案例，进而指导企业快速转型升级。

第二节 纺织企业智能制造发展五大需求

随着市场的逐渐成熟和社会的不断发展,持续增长的消费需求、多样化的消费需要,以及环境资源等外部条件的影响对纺织行业提出了新的发展需求。

(1) 绿色化创新发展

在碳达峰、碳中和目标导向下,推动纺织企业绿色低碳循环发展,全面绿色化转型已是大势所趋,未来对企业洁净生产、污染减排、资源循环利用的需求也越来越高。纺织行业应努力从"末端治理"向"生产全过程控制"转变,不断研发应用清洁生产工艺和装备,采用更加节能减排、环境友好的技术、产品和解决方案。

(2) 信息化安全管控

近年来,随着安全生产意识的提升,严守安全底线,严格依法监管,保障人民权益,生命安全至上已成为全社会共识。众多地区针对纺织行业开展安全生产专项整治,同时随着新一代信息技术在企业安全生产领域的不断运用,企业安全管控水平也逐步提升。相应地,纺织企业应强化信息化安全管控,实现各类风险隐患可防可控。

(3) 柔性化智能生产

当前以产定销、期货式的传统商业模式已逐渐不能满足当前纺织行业快速变化的消费需求。纺织行业被驱动逐步深入应用多功能、高产量的柔性化制造模式，实现产品质量变革和生产效益变革。

(4) 服务化制造变革

纺织行业个性化消费日趋明显。在物联网、大数据等新一代信息技术的推动下，纺织业需要将由生产决定消费的制造模式转变为消费决定生产的模式，将服务与制造紧密融合，带动企业摆脱同质化劣势竞争，创造更大价值。

(5) 数字化提质增效

随着新一代信息技术与制造技术的发展融合，各种依托新技术的工业软件系统集成在制造业得到广泛应用，纺织企业亟待进行数字化转型，降本增效，开发新的业务模式、技术模式和组织模式，创造新的价值增长点。

第三章 纺织行业典型智能场景

智能制造场景是指面向制造全过程的单个或多个环节，通过新一代信息技术、先进制造技术的深度融合，实现具备协同和自治特征、具有特定功能和实际价值的应用。从来源角度看，其来源于企业转型升级建设过程中的经验积累以及智能制造能力成熟度现场评估中的评估实践凝练；从应用角度看，其具有适用性、可复制性和可推广性；从分类属性看，具有基础属性、行业属性和区域（集群）属性。

■ 第一节 纺织行业智能制造场景来源与作用

1. 智能制造场景来源与作用

《"十四五"智能制造发展规划》中明确指出，聚焦企业、行业、区域转型升级需要，围绕车间工厂、供应链构建智能制造系统，开展多场景、全链条、多层次应用示范，培育推广智能制造新模式。《江苏省"十四五"制造业高质量发展规划》中指出要强化行业示范应用，面向装备制造领域，重点开发面向特定场景的智能成套生产线、模块化生产单元。"多场景""特定场景"等关键词对智能制造场景的收集、建设、示范、优化周期提出了长期规划要求。

因此，我们对省智能车间项目、试点示范项目、遴选的典型案例集以及智能制造能力成熟度的评估实践进行了筛选、总结、提炼，形成了一批具有专注于某一具体业务环节、具备关键核心技术、质量效益优质等特点的典型智能制造应用场景。

智能制造场景对于企业的作用可概括为两个方面，一是示范引领作用。在行业内遴选技术路线清晰、建设成果显著的企业场景作为示例，其落地性强，具有极高的参考示范价值，为计划进行"智改数转"的企业提供建设性参考。二是借鉴参考作用。企业可查看同行业跨领域场景，分析并吸纳成功场景解决问题方案的逻辑和采用的技术路线，以"逻辑＋技术路线"的方法指导企业进行场景建设。

行业智能制造场景库来源于企业实践，成长于跨行业借鉴，升华于新一代信息技术发展，成功于内在逻辑和操作方法。随着5G、人工智能、区块链等新一代信息技术与制造技术的深度融合，企业智能制造建设不同阶段有不同侧重，所以行业智能制造场景库的建设是一项循环往复、动态更新的工作。智能制造场景的来源与作用如图3-6所示。

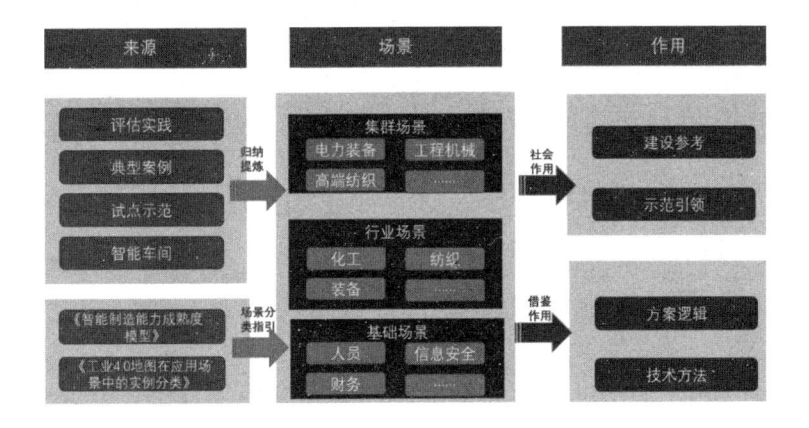

图 3-6　智能制造场景的来源与作用

第二节　纺织行业智能制造场景的特点

智能制造场景是新一代信息技术与先进制造技术在制造过程单环节、多环节的典型应用。从场景的应用层面看，其具有泛用性、可复制性和可推广性。泛用性是指该场景的解决方案适用于特定行业具有相似生产和管理模式的企业。可复制性是指该场景可在同行业、同领域进行复制建设，必要时根据企业设备规模、人员水平、工艺特点、管理方式等的不同开展优化。可推广性是指场景具有普遍性和代表性，可应用于同行业同领域其他企业。

根据智能制造场景特点，将所有场景分类为不同企业通用性较强的基础场景、具有行业特征的行业场景以及具有区域集群特征的集群场景。基础场景是指具有普遍性的场景，主要代表是运营管理类的场景,包括人员培训、财务管理、信息安全等。行业场景是指具有行业属性的智能制造场景,此类场景立足于不同行业自身特点,体现了该行业智能制造转型发展过程中所面临的行业独特性与行业内共性需要,蕴含行业知识和运转机制,具有重要的代表价值。行业和集群场景分类可参考《智能制造能力成熟度模型》(GB/T 39116-2020)中20个能力子域以及《工业4.0地图在应用场景中的实例分类》中工业4.0应用场景分类。

建设智能制造场景有助于提升行业、产业、区域智能制造整体水平,有助于传统产业转型升级,建设行业智能制造场景库有如下具体优势。

(1) 改造成本和应用难度低,易于实施,成效明显

智能车间与智能工厂等所涉及的环节、层级众多,资金、人员、技术要求相对较高。智能制造场景由于是智能制造技术在制造过程单个环节或多个环节中的应用,应用难度较低,智能化改造成本较低。同时,场景库给出了每个智能制造场景的建设技术路线,能够有效地给需要转型的企业提供示范展示。对于面广量大的中小企业,以智能制造场景为抓手的智能化改造是成效最为明显、最易于实施的企业智能制造水平提升方案。企业可以根据自身发展情况和生产经营的痛点难点,结合行业特点,由点及面,选择投入产出比最高的智能化改造方向,从单个场景或多个场景入手,逐步推行产线、车间、工厂等多层级智能制造示范应用。

(2) 场景具有行业特点，易于复制推广，实现以点带面的效果

以行业分类的智能制造场景库充分结合该行业生产经营管理特点，企业可以对标自身智能制造现状，"词典式"查询该行业典型环节、典型场景智能制造解决方案，有效评估该场景智能化改造建设成效，明确智能化改造方向，并将该方案快速复制应用。场景级智能化改造方案快速复制应用将进一步挖掘区域发展潜力，通过"以点带面""以面带全"推动全行业开启智能制造"万家争鸣"新时代，形成智能制造"星火燎原"之势。

(3) 服务商供应端和制造企业需求端可实现精准对接，精准服务

广大企业对于智能制造，普遍存在"不知从哪儿建""怎么建""投多少"的困惑。企业通过对标行业智能制造场景库，可以快速梳理智能化改造需求。服务商可以针对某一行业特定领域的部分场景快速积累成熟的场景级智能化改造实施方案，同时通过建设多层级、多行业智能制造解决方案供需对接平台，举办多种形式的解决方案供需对接活动，建立企业与服务商间的高效沟通枢纽，让企业有所求有所应。

第四章　纺织行业智能制造场景矩阵

本章着重关注当前纺织企业关注的智能制造场景，结合当前纺织行业整体水平，联合企事业单位梳理了智能制造典型场景，解决了纺织企业在智能化改造和数字化转型过程中无参考、无指引的问题。本章通过企业提报、归纳提炼、专家评审流程，从化纤、纺纱、织造、非织造、印染、服装、家纺七大重点领域入手，筛选构建了 12 大类 50 个智能制造场景矩阵。该矩阵中的场景由纺织行业中重点领域的通用型场景与重点领域专用型场景共同构成。纺织行业智能制造场景矩阵如图 3-7 所示。

环节	化纤	纺纱	织造	非织造	印染	服装	家纺
工艺设计	纺丝工艺仿真系统	纺纱工艺数字化设计	基于知识库的织造工艺智能检索		染色配方智能管控	服装工艺三维仿真与协同设计	
计划与调度	纺织企业智能排产与调度					基于大数据的家纺服装企业高级排产调度	
生产作业	纺织生产过程信息跟踪追溯						
	多系统集成的生产作业智能管控		织造车间生产作业报工统计智能场景		印染过程数据采集和追溯	基于制造执行系统的服装产线柔性配置	家纺智能悬吊精益生产管理
	多机协同化纤长丝生产线仿真		织造精益生产管理				
质量管控	基于机器视觉化纤质量在线检测	基于机器视觉的纱线外观质量在线检测	基于机器视觉的织物疵点检测	非织造布表面瑕疵在线检测	基于制造执行系统的印染过程质量管理		基于机器视觉的家纺布品质量检测
	纺织生产过程质量精准追溯						
仓储配送	化纤智能仓储管理	纺纱生产智能物流管理	织造车间物流智能调度			家纺服装自动化立体物资存储管理	
	化纤丝卷智能物流配送	纺纱生产智能仓储	基于无线射频识别技术的织造仓储管理	基于数字孪生的非织造布智能仓储管理	印染染料仓储式自动配送	基于吊挂系统的服装布料精准配送	
	纺织生产过程物料跟踪追溯					服装家纺物料全流程追踪	
设备管理	化纤设备智能维护管理	纺纱设备在线运行监测	织造设备在线运行监测与故障诊断		印染定型机废气处理设备动态管控场景	家纺服装企业设备全生命周期管理	
安全管控	纺织车间环境自动调节处理						
能源管理	纺织企业能耗数据采集监测						
环保管控					印染废水自动监测处理智能场景		
营销管理	销售计划动态优化					纺织行业渠道合作伙伴关系管理智能场景	基于快速响应的家纺零售管理
供应链管理	纺织供应链可视化					外发生产模式下的半成品及原辅料物流监控智能场景	
模式创新						面向C2M的服装家纺智能量体定制	
						面向大批量定制的服装企业敏捷生产	

图 3-7　纺织行业智能制造场景矩阵图

第一节 纺织行业通用型场景

纺织行业通用场景部分总结归纳了纺织行业各细分领域存在的共同特征和相似解决方案的智能制造典型场景，包括排产调度、生产作业、安全管控和能源管控共四个场景。

1. 智能排产调度

场景描述：

纺织企业基于先进排产调度的算法模型，构建高级计划与排程系统，并做好数据的规范化和标准化。系统采集订单、设备、工艺、产能、物料、报工等各类生产资源数据，根据资源绑定、排产目标策略优化等各类约束规则，自动给出排产方案，并形成详细的作业计划，有效提升了生产调度计划的准确性以及生产管理能力，不断优化生产过程，提升企业综合经济效益。

场景示例：涤纶长丝智能排产调度智能制造场景

该场景建设了生产排程系统，系统主要包括需求管理、工厂排程、车间排程、可视化排程、排产策略、要素管理（产品工艺、设备等）等模块。系统根据实时变化的生产情况，进行及时调整、预警。在生产排程设计方面，销售员维护销售订单和用于运算库存式生产的基础数据（基于库存上下限），在系统里运算生成主生产计划，即产品需求计划；生成需求后再通过系统运算生成工序计划（假捻工序计划、纺丝工序计划、聚酯工序计划），包括物料批号、调整位数等信息上传至审批系统，同时生成相应的采购计划；生产部门再按各自子工序计划，选择设备下推生成工单。排产策略方面主要考虑订单式生产与库存式生产两大类。该场景建设可以有效应对取消订单、插单等问题，可以分析产能不足、物料不齐套、库存等问题，便于工厂内部持续优化。

2. 生产过程信息跟踪追溯

场景描述：

纺织企业通过电子标签技术（RFID）、二维码等技术，实现对纺织生产过程中物料、半成品、成品的流动与追溯。在物料、半成品、成品的流转过程中，各道工序记录绑定生产过程中质量、设备、操作人员、生产时间等关键信息，同时记录在数据库中，便于后续产品信息跟踪追溯。这些数据经过分析利用，可用于优化生产工艺，并为设备管理提供支撑与保障。

场景示例：纺纱质量追溯智能制造场景

该场景建设了质量追溯系统，利用了 RFID 等技术，在条筒、粗纱管、细纱管等粘贴了 RFID 标签。在输送系统关键位置，如粗细联、粗纱机、细纱机等安装了 RFID 读写器，实时监测记录细纱机的每一道生产工序,每完成一个成品(条筒、粗纱管、细纱管),都记录实时质量检测数据、生产设备机台号(锭号)、生产时间、挡车工等生产信息至数据库中,数据与产品(半制品)同步流转。在信息追溯时,生产管理人员可通过标识数据记录查询其生产信息以及前道工序的生产信息,大大增强了信息透明度,提升了在制品流转过程中信息的可追溯性,有关数据分析利用可为生产管理优化提供决策支持。

3. 车间环境自动调节处理

场景描述:

纺织企业根据生产需要,应用智能传感技术在线实时监测废气数据、温度、湿度、挥发性有机物等车间环境基本数据。若环境数据偏离设定的安全阈值,伺服闭环控制系统驱动环境调节设备运转工作,动态调节车间环境,同时出现异常情况自动报警并通知作业人员处理,实现了车间环境高效、动态、精准调节,提升了车间生产环境响应处理能力以及安全生产水平。

场景示例:纺纱车间环境智能监测调节智能制造场景

该场景配备了环境监控调节系统,通过智能传感技术采集生产车间烟感、热感、粉尘、温度、湿度等车间环境重点数据,同时系统配置了自动消防处理装置以及智能化空调。当生产车间监测到烟、火等情况，自动消防处理装置采取自动扑救或自动隔离措施。当车间温湿度等环境数据异常或者生产纱线出现品种更迭时，系统能根据需要驱动智能化空调以调节温度与湿度，并能实现空调除尘全过程自动控制、故障预警与远程控制。该场景保障了车间消防安全，提高了车间环境稳定性，为实现生产安全、稳定产品质量打下了坚实的基础。

4. 企业能耗数据采集监测

场景描述：

通过数字化仪器仪表实时采集用电、用水、用气以及各类生产设备能耗数据，并对这些数据进行计量与可视化监测。企业可以根据需要按时间、区域、设备、订单等维度进行分析统计，生产管理者可以及时了解能源消耗情况，为后续基于能耗数据的能效优化、能源平衡与调度奠定基础。

场景示例：能耗数据采集智能制造场景

该场景建设了能耗管理平台，通过带有 LoRa 通信方式的数据采集模块读取计量仪表实时数据，同步传送给智能网关，并经由工业交换机将数据传输至本地服务器的数据库。能耗管理平台采用 B/S 架构部署在本地服务器，平台对数据进行统计、汇总、分析，生成能耗管理各项报表，用户管理人员可通过浏览器对平台进行应用访问。平台根据企业要求,进行实时数据展示、预警提示、不同时间的纵向对比分析、用能子项占比分析等,并能导出历史数据。该场景可以帮助企业针对能耗现状进行运营管理模式的最优化改进,以期达到最大的节能效益。

5. 纺织供应链可视化

场景描述:

纺织品牌运营商运用区块链等技术搭建供应链可视化管理平台,供应链上下游的纺纱、织造、成衣加工等企业上传采购、生产、仓储、运输等各环节信息至平台。通过平台,品牌运营商可以快速掌握订单生产各项信息,生产加工企业可以提高生产协调效率,降低运营管理成本。供应链可视化建设有效提升了纺织产业链上下游企业信息透明度,提高了供应链运营效率。

场景示例:供应链可视化智能制造场景

该场景利用区块链技术构建了一条信息共享、信用互守、互惠互助的供应链可视化管理平台,平台基于成熟的纺织生产管理SaaS平台的技术架构,结合品牌运营商公司供应链的可视化管理的需求进行开发。平台提供系统标准数据接口技术以及区块链上链接口,供应链上下游订单自动同步,采购单与销售单相互关联,关联订单支持跟踪与追溯,供应链上下游企业可访问和上传所需数据和文档资料。平台帮助品牌运营商管理者快速掌握订单原料产地、生产批次等关键生产要素，并依托实时数据接口进行智能读取和诊断的追溯服务体系，协助纺织企业从传统生产管理升级到智慧管理体系。平台帮助生产加工工厂提高生产协同效率，改善客户服务，提高对市场的响应敏捷度和竞争力。

第二节 化纤领域

化纤是指用天然的或人工合成的高分子物质为原料制成的纤维。化纤生产涉及多项物理、化学反应，其智能制造重点关注智能原料配送、丝饼管理、生产数据分析、立体仓库技术运用。

1. 纺丝智能工艺仿真

场景描述：

工艺仿真设计包括纺丝熔体流动、熔体挤出、冷却、牵伸、上油、卷绕成形、加弹等过程的仿真。纺丝作为化纤生产工序中的核心环节，对温度、速度、张力控制等工艺参数非常敏感。通过建立熔体流动的数学模型，对熔体从进入纺丝箱体到卷绕成形的纺丝过程进行在线模拟仿真，直观表现熔体流动过程中的压力场、温度场，优化生产工艺参数。工艺仿真系统可以减少实验损耗，提高工艺设计效率，缩短开发周期，并可与生产数据交互，有效控制产品质量，指导生产。

场景示例：纺丝智能工艺仿真智能制造场景

该场景建设了聚合物熔体在箱体管道内流动过程、在纺丝组件内流动过程和从喷丝板挤出纤维成形过程的仿真系统，建立了熔体全流程的温度场、压力场、速度场数学模型，尤其是对高聚物熔体在喷丝微孔的流动情况和熔体的"出口膨胀"现象进行仿真。通过动态模拟各个参数，进行工艺寻优，有效提高了工艺设计的效率。企业还将工艺仿真系统与生产工艺参数的实时优化、品质控制、技术改造等模块集成，将实时监测生产中熔体的压力、温度和张力数据，与该点的仿真模拟数值进行比对，及时在线修正生产工艺参数，有效提高了产线运行的稳定性和产品质量。

2. 多系统集成的生产作业智能管控

场景描述：

以制造执行系统（MES）为核心，集成企业资源计划系统（ERP）和分布式过程控制系统（DCS），融合大数据、智能传感、工艺机理分析等技术，形成订单生成、生产计划制订和下发、工艺参数控制的一体化智能生产作业管控。通过多系统集成，可以增进业务间的协同，有效提高车间生产运行效率。

场景示例：多系统集成的生产作业智能管控智能制造场景

该场景将 ERP 系统与 MES 系统集成，销售订单在 ERP 系统产生后，通过 ERP 与 MES 接口，将工单资料导入 MES 系统，并传输到对应的生产车间，同步生成物料需求清单和工艺参数清单。MES 系统接收相应的产品和订单后，通过与车间 DCS 系统的实时通信，向对应的一个或多个车间下发排产需求和产量分布，从而达到对车间产品产量的实时管理。各生产车间接到订单后，通过 DCS 控制系统实现对车间生产参数的调整，达到对 MES 订单的响应。MES 与 DCS 的实时通信可以实现 MES 系统对车间生产的人员、物料、生产设备、计量设备、工艺参数、质量等数据信息进行实时监控和管理。

3. 多机协同化纤长丝生产线仿真

场景描述：

基于工艺机理分析、流程建模和机器学习等技术，根据化纤生产的全工艺流程，整合车间全部生产数据，搭建以生产作业为核心，融合在线质量检测、自动化包装、智能物流和仓储的全流程一体化仿真管控平台，开展工艺流程和参数的动态优化调整，协调车间整体生产和物流节奏，提高化纤车间生产作业效率。

场景示例：多机协同化纤长丝生产线仿真智能制造场景

该该场景开发了多机协同化纤长丝生产线仿真技术，将化纤长丝生产线按功能特点分成生产、检测、包装和仓储 4 个子系统，基于 Unity3D 分别在 4 台电脑上进行协同仿真和显示。生产子系统使用数据化驱动可以仿真任意生产规模的场景，检测子系统与智能检测模块联合可以仿真基于视觉处理的真实生产线产品质量检测，包装子系统可以对质量合格的丝饼按规格打包，仓储子系统根据订单需求对已打包的丝饼进行存储并完成进出库操作。对各子系统需要通信的数据制定了协议，使用基于 TCP/IP（Transmission Control Protocol/Internet Protocol）的 Socket 通信完成多台电脑协同仿真。经过实验验证，多机协同仿真可以更高效地设计和优化化纤长丝生产线，增进产线协同，提高产线生产效率。

4. 基于机器视觉化纤质量在线检测

场景描述：

依托在线质量检测系统和智能质量检测装备，融合缺陷机理分析、物性和成分分析、机器视觉等新技术，对纤维的毛羽、纤度、强度、捻数等质量参数进行在线检测、分析和结果判定。同时将质量检测结果反馈至生产、研发部门，同步调整生产参数，提高产品质量和产品稳定性。

场景示例：基于机器视觉化纤质量在线检测智能制造场景

该场景建设了功能改性聚酯长丝智能车间的在线质量检测及管理系统，通过专用软件对纱线的条干均匀度和表面光洁程度进行检测，分析产品的质量状况。光束直射纱线，当突出纱线的丝条部分形成的阴影引起光通量变化，使光电传感器发出讯号，经系统分析后输出结果。该在线质量检测及管理系统可以检测长丝含油不匀、纤度不匀、网络不匀、毛羽等质量问题。纺丝车间利用5G智能机器人自动巡检，加载工业相机拍摄高清图片，通过5G网络将检测的图片上传至云平台，结合视觉智能算法及系统大数据，给出数据分析检测结果，高效地降低了车间内的"飘丝""飘杂"问题。通过上述两项质量管控，可以及时发现问题，处理问题，减少不合格产品的出现；同时，可以通过管控范围对参数设定报警上下限，提前进行管控处理，在产品未达到降级范围之前及早发现隐患进行干预。

5. 化纤智能仓储管理

场景描述：

集成智能仓储装备（智能立库、平面库等），建设智能仓储管理系统（WMS），应用条码、射频识别（RFID）、智能传感等技术，依据实际生产作业计划，实现从原料入库、出库、化纤丝卷入成品库、待销出库销售的物料全流程智能化管控。通过智能仓储管理，可以有效提高仓库利用率，帮助企业维持合理库存，减少呆滞料的产生。

场景示例：化纤智能仓储管理智能制造场景

该场景引入某自动化立体仓库，与 WMS 双向集成。产品入库后，由自动化立库系统按照各巷道和货位的库存情况，智能分配目标巷道和货位。对于定制化产品，使用集中巷道的存放策略可以更加统一集中货物存储；对于畅销产品，使用分散巷道的存放策略可以加快货物的进出速度，进一步提高工作效率。入库后的结果信息实时推送至 WMS 系统。盘库时，立库系统按照盘库任务，各巷道使用堆垛机上的读码设备，逐货位对产品标签进行自动读码，并将解析后的数据与立库数据库中的数据以及 WMS 业务数据进行比对。盘库完成后，对问题货位或存储时间较长的货物及时发出预警，并提供相关处理建议。发货前，可根据订单信息提前在 WMS 系统进行划码备货，备货信息实时下发到立库。发货时在 WMS 扫码，系统根据条码，抓取对应订单的备货信息，通过输送带，自动精准输送产品托盘到立体仓库对应提货货车的出货口。WMS 可提供友好的用户界面、高级图形、实时和历史报表、状态看板，保持系统整体的易用性和人机交互界面的友好性。同时通过 WMS 与销售系统、ERP、MOM、MES 等关键信息系统双向对接和同步，提升了生产和经营相关职能部门的信息共享和协同效率,采用科学统一的编码,开放一致的数据接口,实现了闭环业务流程闭环管理,提高了业务时效性。

6. 化纤丝卷智能物流配送

场景描述:

利用智能物流系统和装备,集成视觉/激光导航、室内定位和机器学习等技术,根据实际生产作业计划,实现原料调用和化纤丝卷入库的精准配送和物料全程实时跟踪。通过智能配送管理,可以提高车间内物料转运效率,实现原材料、在制品和成品流转的全程跟踪。

场景示例:化纤丝卷智能物流配送智能制造场景

该场景开发定制了额定载重3吨、货叉长度2000毫米的AGV车体,在货叉中部特别设计了定位装置,以满足企业对车间内物流配送的重量和精度要求。同时在货叉上增加传感器,用于检测丝箱在货叉上是否放置平稳,只有在丝箱完全放置到位以后才允许AGV进入行驶状态。移动机器人智能交通管理系统能同时对多部AGV实行监管、控制和调度,通过无线局域网络与各AGV小车保持通信,指挥系统中项目车辆的作业。客户可以从系统界面实时了解每部受控AGV的设备状态、所在位置、工作状态等情况,可以自动或手动呼叫空闲AGV。系统具有故障报警、复杂路段交通管制等功能。AGV 小车出现异常时，调度系统会在屏幕上显示出相关状态。交通管制模块提供多样化的 AGV 交通管制控制方式，可以实现简单或者复杂的交通管制逻辑，并且可以针对不同种类的 AGV 定制不同种类的交通管制方案，保证了 24 小时运行低故障率。

7. 化纤设备智能维护管理

场景描述：

化纤企业具有设备类别多、设备参数难控制的特点。通过设备一体化云平台，集成可编程数据采集器，可以将设备数据采集上云，并实现云端数据分析。建设专家知识库和设备运行数据库，对设备异常状态进行及时预警和异常自动处置。通过设备在线巡检、预测性维护等举措，提高设备运转效率，减少异常停机。

场景示例：化纤设备智能维护管理智能制造场景

该场景开发的工业设备智能监控系统云平台集监管、控制、预警、分析等功能于一体，可实现全天候 24 小时在线监测和状态巡检。云平台通过多功能可编程数据采集器采集现场各项数据，上传至云平台，并可实时在 PC 端、移动端监测。采集数据在云平台的管理软件上将与系统的历史记录数据、同类设备的平均数值以及设备的出厂标准值进行分析、计算、比对，当数据发生异常时,系统即自动发出信号警示,实现对运行设备的远程监控。云平台可按不同客户的设备及权限设置用户,通过企业外网 IP 登录,进行数据的实时查看、历史曲线／历史数据的查询下载、打印等功能。平台设定监控环境采集数据的上下限值,异常时软件端发出声音警报,同时向用户手机发送报警信息,平台自动提供处理方案,帮助用户处理异常。该系统实现了对运行设备的远程监控,保障了设备良好运行,并提供自动报警、异常自动处理等功能,及时响应和解决各类设备问题,减少因设备原因产生的停车损失。

8. 销售计划动态优化

场景描述:

依托客户管理系统(CRM),融合大数据、机器学习等技术,通过客户关系地图绘制、客户需求／竞品信息分析、客户交互信息、客户历史订单数据、客户服务信息等多层次数据挖掘分析,构建客户画像,建设用户需求预测模型。依据下游市场反馈数据,对用户需求模型进行不断优化调整,并基于市场数据和模型预测制订精准销售计划。

场景示例:销售计划动态优化智能制造场景

该场景首先依托客户关系管理系统(CRM),规范并建立商机销售漏斗管理体系，形成科学的过程管理模板，实现销售过程标准化和精细化管控。随后建立事前资信申请、事中授信控制、事后监控处理的全方位、全过程客户资信管理体系。最后根据历史订单信息和客户360度视图，采用IDIC客户分级模型，实现基于客户销量、利润贡献、客户潜力的多维度综合分级。基于分级制定对应的营销策略，通过市场执行、反馈，进行模型的调整和优化，预测客户需求，制订动态销售计划。企业通过销售计划动态优化，销售计划准确率提升了20%，产销率提升了5%。

第三节 纺纱领域

纺纱是将棉麻等纤维加工成纱的过程，纺纱智能制造重点关注棉纺织纱工艺设计、纱线质量管理、仓储配送、设备管理以及能源管控。

1. 纺纱工艺数字化设计

场景描述：

通过建设纺纱工艺技术系统与工艺知识库，结合原料性质表征、工艺机理分析、过程建模和工艺集成等技术，全局优化工设计与流程，提高纺纱工艺设计效率，保障棉的工艺可行性，实现了生产效益增长。

场景示例：纺纱工艺数字化智能制造场景

该场景构建了自动配棉系统与纺纱工艺专家系统。自动配棉系统能根据颜色、长度、马克隆值等原棉指标或者原棉配比，模拟仿真不同纺纱工艺下的纱线品质。纺纱工艺专家系统建立各纺纱工序的工艺数据库，通过分析纺纱的不同品种、原料、定量、纤维特性等工艺指标，提供工序设备合适的工艺参数值或范围，可用于优化棉纺工艺；同时系统建立了纺纱工艺数学模型，对新的工艺进行仿真和模拟生产，对后期投入使用做出预判和指导。该场景有效解决了传统棉纺织工艺普遍存在的设计方法工作量大、工艺变更频繁等问题，提高了棉纺织品设计效率，缩短了设计周期，降低了企业生产成本，提升了市场竞争力。

2. 基于机器视觉的纱线外观质量在线检测

场景描述：

根据检测对象的特征（如纤维取向度、直径、弯曲形态、纱线细度、均匀度、粗节、细节、棉结、毛羽等），在纺纱生产单元上部署机器视觉检测组件（包含工业相机、镜头、光源、工控机等）。运用神经网络等算法构建识别模型，并利用视觉检测组件拍摄的检测对象图像及其质量信息训练模型。在纺纱生产过程中，检测组件实时拍摄被检测对象图片并经识别模型运算实时在线输出检测结果，实现了在线对细纱、粗纱、条子、棉流、原棉等对象的外观质量检测，有效提升了产品品质调控的响应效率，提高了检测精度与效率，降低了工人劳动强度，为后续生产优化提供支撑与保障。

场景示例：基于机器视觉的纱线外观质量在线检测智能制造场景

该场景开发了超越 VS 系列 A 型和 M 型异纤分拣机，实现了基于机器视觉原棉异纤实时检测，其原理是利用 CCD 工业相机实时获取异纤图像，通过图像处理分析和特征提取算法，提取异纤图像特征，并结合视觉显著性模型计算和深度学习等算法，对异纤特征图像进行识别和分类，并将检测数据与系统实时共享，实时对其进行高效精准清除。利用两组彩色定制工业相机采集图像，通过图像识别技术和独特 LED 混合光源的设计，对丙纶丝、地膜等无色异纤以及青灰色编织线有较好的检测，可作为清梳联过棉通道的一部分，装置安装方便且占用空间小，与之前同类产品相比，误检误喷减少，检出率提高 10%，喷花量降低 20%，可有效降耗节能。同时，为实现"原棉零异纤"目标，研制"一线两机"的方案，即先通过 A 型异纤分拣机，清除大部分异纤，经梳棉风机开松后，通过 M 型异纤分拣机，清除剩余的异纤。

3. 纺纱生产智能物流管理

场景描述：

通过智能传感、条码、无线射频识别、工业机器人与数据库等技术，结合条筒输送与存储、棉条自动接头、管纱输送与存储、筒纱自动输送码垛与产品打包等各类装置，构建纺纱生产智能物流系统，实现纺纱生产各工序物料自动转移，降低了工人劳动强度，提升了配送效率与精准度。

场景示例：纺纱生产数字化物流智能制造场景

该场景针对细纱与络筒两大工序，配置了清梳联输送系统和细络联系统，细纱与络筒通过轨道刚性连接，采用托盘运输方式输送满纱与空管，实现细纱全自动落纱→自动输送满纱→自动喂入络筒→完成挑头、生头、检测、分类、残纱识别→空管输送，适应了批量、高速、高产的需求。码垛机器人根据录入的品种信息，对络筒工序生产出的筒纱自动完成磅重→自动扫描缴库→堆垛→入成品库。通过建设该场景，企业的物流基本做到了全自动化运行，配送效率有效提升，企业的物流管理水平显著提高。

4. 纺纱生产智能仓储

场景描述：

集成应用立体货架，并用自动化堆垛机、输送机等设备，建设仓储管理系统（WMS），应用条码、射频识别、智能传感等技术，依据实际生产作业计划，实现物料的自动出入库、盘库和出库，有效降低了工人劳动强度与储运费用，提升了仓储空间利用水平。

场景示例：纺纱自动化立体仓储智能制造场景

该场景构建自动化智能立体库，自动化立体仓库的主体由货架、巷道式堆垛起重机、入（出）库工作台和自动运进（出）及操作控制系统组成。其中货架是钢结构体，货架内是标准尺寸的货位空间，巷道堆垛起重机穿行于货架之间的巷道中，完成存、取货的工作。管理上采用计算机及条形码技术。利用自动化存储设备与管理系统的协作，实现立体仓库的高层合理化、存取自动化以及操作简便化，配套智能调度控制系统、条形码识别跟踪系统、图形监控、RGV 搬运机器人、货物分拣系统、堆垛机认证系统、堆垛机控制系统，实现立体库内的单机手动、单机自动、联机控制、联网控制等多种运行模式，从而实现仓库货物的立体存放、自动存取和标准化管理，能大大降低储运费用，减轻工人劳动强度，提高仓库空间利用率。

5. 纺纱设备在线运行监测

场景描述：

纺纱企业利用智能传感技术，采集包括速度、压力、位置、产量、质量、故障和工艺参数等全方位的生产过程数据，自动在线检测设备工作状态，并能及时进行数据处理、分析判断、故障预警与自动调试修复，实现了设备精细化管理，提升了生产稳定性。

场景示例：纺纱设备在线运行监测智能制造场景

该场景建设了生产过程现场数据采集系统，系统包含感知层、网络层、应用层三层架构。感知层各类传感器采集速度、压力、位置、产量、质量、故障和工艺参数等全方位的生产过程数据，通过网关传输到车间主干网络。网络层包含了服务器、各类交换机以及信息柜组。应用层包含了电脑、手机、车间看板等各类显示终端。通过感知层的智能传感器采集设备相关工艺参数，自动在线监测设备工作状态，及时进行数据处理、分析判断、故障预警及自动调试修复。该场景提升了纺织企业对设备及生产状态的感知能力与设备管控水平，有利于企业顺畅生产。

第四节 织造领域

典型的机织织造过程是将经、纬两个系统的纱线交织成织物的加工过程。织造智能制造重点关注织造工艺设计、质量管控、仓储配送、设备管理以及能源管控。

1. 基于知识库的织造工艺智能检索

场景描述：

织造企业构建包含纺织产品各项参数、生产效率、产品质量等各生产环节具体信息的历史工艺数据库。基于人工智能算法，学习训练纺织品参数与其工艺参数度之间的关系。当客户来样时，自动分析检索相似工艺参数并形成新产品工艺指导方案，大大降低了工艺人员记忆负担，减轻了人员对经验的依赖，促进了企业工艺数字化、经验智慧化、生产响应敏捷化的智能化转型。

场景示例：基于知识库的织造工艺检索智能制造场景

该场景搭建了历史工艺数据库，数据库包含了纺织产品的各项参数以及生产效率、产品质量等各个生产环节的具体信息，实现了多维度、高复杂度信息的有效记录与管理。运用了人工智能算法，学习训练纺织品参数与其工艺相似度之间的关系，并检索出与实践工艺相似的品种。在此基础上，人工智能算法学习训练纺织品参数、上机工艺、生产水平之间的关系，综合各项检索结果，自动形成一套新产品工艺指导方案，为企业工艺制定部门提供参考。该场景有效解决了传统生产模式下，工艺设计中对人员经验依赖度大、信息检索困难、小样反复生产耗时费力等难题，促进了产品工艺快速设计及生产交付。

2. 织造车间生产作业报工统计智能制造场景

场景描述：

企业建立统一的编码规范，将任务单与物料编码作为主体采集记录整经机、浆纱机等各类生产设备以及人员、物料等生产过程数据，进行整理、汇总和分析，有效提升了生产效率、生产过程透明度与产线响应能力。

场景示例：织造车间生产作业报工统计智能制造场景

该场景搭建纺织企业生产作业报工系统。对具有联网能力的整经机、浆纱机、织机等设备进行数据采集，按车间、设备维度定周期归总设备产能数据。生产作业报工以任务单与物料编号为主体记录生产数据，不同工序之间需要通过编码规范来区分，便于后续生产数据的统计与查询。报工系统可实现员工号登录、扫描任务单获取信息、根据产品维度进行报工、实时记录产量信息、输出产品二维码等功能。通过数据采集记录设备采集数据，与生产人员手动输入的数据进行比对，数据误差超过合理范围时进行预警。该场景有效解决了纸质计划单上记录报工易丢失、响应慢等问题，提升了整体生产运行效率。

3. 织造精益生产管理

场景描述：

织造企业采集人、机、物等生产全流程关键数据，依托制造执行系统（MES）以及大数据分析、六西格玛、6S 管理等技术与管理手段，对织造生产过程中织机、了机、人员机台配置等进行精准有效控制及优化配置，有效提高了各工序的运转效率，有效降低了生产浪费，显著提升了生产产量。

场景示例：织造精益生产管理智能制造场景

该场景组建稳定可靠的织造车间有线及无线信号网络，通过 MES 系统实现不同工序生产过程数据信息存储、追溯及实时显示。在采集数据的基础上，建立织轴长度、张力、缩率、回丝及织造效率等变量与实际了机时间之间的多变量预测控制器，通过动态监控剩余长度与卷径的关系，将剩余长度进行实时匹配，实现了机时间的实时更新与准确预测。通过建立生产工艺与质量的聚类分析，快速匹配当前生产品种在不同流程中的最佳工艺参数，并根据实际情况提供多样的参考工艺选项，实现工艺的有效配置。

通过将机台、质量与员工管理相结合,建立机台、人员与生产质量的关系模型,挖掘潜在联系,实现不同品种生产与人员机台间的有效配置,提高车间整体运行效率。该场景建设后,机台利用率提升大于10%,减少机台平均上轴时间20%,同工况下次品率下降15%,产量提升5%以上。

4. 基于机器视觉的织物疵点在线检测

场景描述:

在织造生产单元上部署机器视觉检测组件(包含工业相机、镜头、光源、工控机等)。运用神经网络等算法构建识别模型,并利用视觉检测组件拍摄的检测对象缺陷图像信息训练模型。在生产过程中,检测组件实时拍摄被检测对象图片并经识别模型运算实时在线输出检测结果,有效提升了检测精度与效率,降低了工人劳动强度,提高了生产工艺修正的响应效率,质量检测数据可为后续生产优化提供支撑与保障。

场景示例: 织物疵点在线检测智能制造场景

该场景包含了大型投影设备,设备配备了直线导轨、单侧摄像头,可最多巡检5台织机,巡检速度为3米/秒,回程空跑速度为5米/秒,精准匹配织机每一横幅织布速度,确保不漏检。在连排的喷水喷气织机上方,一台检测设备在导轨上高速移动,移至织机布面横幅上方时,检测设备拍摄布面图像,并借助图像分析和目标跟踪等算法进行识别,若检测出存在断经断纬等瑕疵,立即进行红外线锁定并"命令"停机、通知挡车工处理。同时,未来随着瑕疵图片数据库不断更新迭代,机器人巡检准确率将接近100%,提高产品质量,为优质纺企更好地解决用工短缺的问题。

5. 基于无线射频识别技术的织造仓储管理

场景描述:

织造企业构建仓储管理系统(WMS),利用无线射频识别技术,在纱线、经轴、坯布、成品布卷上粘贴条码标签,在物料出入库时扫码录入出入库时间、领用人员、物料去向等信息,实现出入库信息的精准追溯。系统能实现物料使用情况自动统计、物料预警等功能,大大降低了工人劳动强度,帮助生产管理者全面准确掌握库内物料情况以及生产情况,便于及时优化调整。

场景示例:基于无线射频识别技术的织造仓储管理智能制造场景

该场景构建了智能仓储管理系统,实现了纱线仓库、织轴仓库、坯布仓库、成品仓库的精细化管理。根据不同仓库的需要,在对应的纱线、经轴、坯布、成品布卷上粘贴条码标签,在出入库时可以通过扫码录入出入库时间、领料人员、物料位置等信息。

在浆纱、织造、后整理或者验布环节，条码可以绑定作业人员、作业时间、生产工艺数据等信息，实现订单生产的实时跟踪追溯。同时，系统可根据设定的时间段内的物料进出库状况，自动判定提醒相关人员进行该项物料的采购或者加工，并能自动生成当日物料使用情况报表，自动统计分析仓库中物料的存储状况，实现仓库的自动盘点。该场景实现仓储物料的实时监控，促进企业资源的优化配置，能有效解决仓储人工管理难、工人劳动强度大等问题。

6. 织造车间物流智能调度

场景描述：

应用仓储管理系统（WMS）以及AGV等智能物流装备，综合考虑织机、了机、落布机等设备情况，建设物流调度模型，集成视觉/激光导航、室内定位和机器学习等技术，实现织轴、布辊的自动运输管理以及车间落布、装卸织轴的自动化控制，实现了高效、智能的物流配送，提高了物流效率，降低了库存量。

场景示例：织造车间物流调度智能制造场景

该场景中的中央物流控制系统由硬件系统、软件系统两部分组成。硬件系统包括工控机、屏幕显示器、控制盘柜（PLC）、线缆等。软件系统主要包括工业采集软件系统、物流调度软件系统等。物流调度系统要根据实际生产需求,应对织造设备数量多、织机、了机与落布随机等情况,合理安排规划各种操作,全面考虑多台不同 AGV 运输车之间的协调、最合理运输路径的计算、优化及充电等环节,并整合到系统里。同时,所有移动控制设备的连接均需采用无线通信方式。通过物流控制系统的协调调度,实现车间落布、装卸织轴的自动化控制,并实现织轴从整经、浆纱工序到织造车间的自动运输管理;实现布辊从织造到验布、打包工序的自动运输管理;同时保证各个操作安全可靠。该场景实现了物流的科学衔接、动态监控、集中定置管理。

第五节 非织造领域

非织造布是不需要纺纱织布而形成的织物,只是将纺织短纤维或者长丝进行定向或随机排列,形成纤网结构,然后采用机械、热粘或化学等方法加固而成。非织造智能制造重点关注布匹的质量管控和仓储的智能化管理。

1. 非织造布表面瑕疵在线检测

场景描述:

将工业线阵 CCD 相机架设到非织造布生产线的上方,同时采用高亮的 LED 线性聚光光源进行背面或正面打光，通过线阵 CCD 相机和高速图像处理系统进行实时的在线扫描。相机实时采集无纺布的表面图像，系统及时准确地反映缺陷的图片、形状、尺寸、位置等具体信息并自动进行特征分类。同时根据用户生产环境设定自动声光报警，帮助企业及时进行非织造布质量控制的措施。该场景弥补了人工检测耗时、耗力、耗财、低效率的缺陷，实现高效率全自动的在线瑕疵检测，实时检测产品的瑕疵问题。

场景案例：非织造布表面瑕疵在线检测智能制造场景

该场景使用了 3 个 4096 像素摄像机检测和分析水刺非织造布的表面瑕疵，在分切机处安装一套疵点检测工具软件，并与在线检测系统数据集成，读取每一完成卷的信息，在分切时可在有疵点的地方停车处理。每卷非织造布生产完被剪切，系统清零完成新一卷的检测和计算，为保持同步，系统接收生产线的速度信息与换卷信号，保证每卷材料上疵点检测准确无误。该场景实现在面密度为 30～90g/m^2 的白色水刺非织造布表面检测到黑点、空洞等疵点，检测疵点为 0.3mm（CD）和 0.15mm（MD），大大提升了检测的效率和准确度。

2. 基于数字孪生的非织造布智能仓储管理

场景描述：

通过物联网技术和数字孪生技术，集成仓储管理系统、视频监控系统、消防系统（烟雾传感器、温湿度传感器等）等仓储管理数据，模拟物资、人员和物料搬运设备的移动。根据仓库存储实体大小、数量多少以及存储特性等数据，构建基于现实物理环境供应链的仓库（包括设施设备、物资）立体三维模型，从库区环境、库内布局到建筑结构以及独立设备均可进行立体仿真展现，并可进行任意角度的调整及场景切换，帮助管理人员理顺供应链中各节点关联实体之间的数据联系。该场景可以提高仓库的空间利用率和作业效率。

场景案例：基于数字孪生的非织造布仓储管理智能制造场景

该场景针对立体仓库的规划，采用系统仿真平台，前期输入产品的缓存区与库存区大小、入库节拍、货位数多少、堆垛机效率等参数，对提取货架、输送线等相对标准的设备进行模块化设计。建设三维立体仓储模型，将信息采集模块设置在仓储货架上。显示器在货架数字孪生体的对应位置显示信息采集模块采集的实时存货状态，使用现场可编程控制器（PLC）设备控制虚拟立库，实现监控可视化。该场景提升了规划效率，降低了工艺人员对经验的依赖程度，提高了设备利用率和规划的有效性。

第六节 印染领域

印染是将纺织品进行深度加工，提高其附加值的一种处理方法，处理方式包括前处理、染色、印花、后整理、洗水等。在印染过程中涉及诸多化学染料的应用，会有一定的废水。其智能制造的关键是工艺数字化、装备智能化、管理信息化，重点关注工艺设计、生产作业、质量管控、仓储配送、设备管理和环保管控。

1. 染色配方智能管控

场景描述：

通过引入分光仪、自动滴液设备等仪器，融合大数据分析、专家知识库等技术，纺织印染企业可以加强对配色数据的采集、分析，对既往工艺经验进行总结，建设包含布种、颜色、染料、配方、工艺等参数的染色配方数据库，实现选色、配色、修色一体化智能染色配方管控，从而可有效减少实验次数，提高工艺设计效率。

场景示例：染色配方智能管控智能制造场景

该场景在染色配方工艺设计环节引入国际先进的分光仪和分析软件以及一级自动滴液系统。分光仪能自动对客户来样进行精确颜色分析，自动给出颜色配方，并把颜色配方数据自动传输给滴液系统。自动滴液小样机在自动滴液系统控制下，可以模拟和验证大批量生产时染缸的动作，使工艺配方数据更加精确。公司建有 Datacolor 测配色数据库，利用录入的染色组进行目标色的配色，具有修色、配色、找色等功能。通过标准样或批次样的输入、标准样和批次样的保存、取出、修正等操作，可以将已知的配方录入配色软件中，服务于后期的精确配色以及寻找配方功能。录入的配方越多，色库容积越大，配色就越精准。通过自动配色系统，企业实现了配色数据库建设和智能配色，提高了配色工艺设计效率。

2. 印染过程数据采集和追溯

场景描述：

通过不同生产环节的制造执行系统（MES）和智能传感设备的集成，实现产品生产制造环节所有生产工艺、设备参数（如染色配方、染缸温度、马达转速、压力等）的数据采集和分析，实时预警参数的波动和质量异常。每日自动生成生产报表，实现所有产品生产过程数据的追溯。该智能制造场景建设可以提高印染企业对印染过程的有效监控，确保产品质量一致性。

场景示例：印染过程数据采集和追溯智能制造场景

该场景建设了印染过程全流程的数据采集、分析和追溯系统。

生产作业环节，企业有各类执行系统（MES），如染缸控制执行系统、染料助剂分配系统等，都与 ERP 系统对接，能自动获取生产计划、生产工艺等数据。通过制造执行系统（MES）能查询到各类设定的工艺参数和实时的工艺参数。如染缸 MES 系统采用智能传感技术对关键工艺参数、设备运行数据等进行动态监测、自动采集和在线分析。系统对各生产线、各工序的生产过程进行实时追踪，记录过程数据，并可对每件已制成的产品在每道工序的生产中进行分析，便于更好地发现不良品形成的原因。各产线的各工序生产过程数据均被记录到数据库中，生产管理人员可以在界面上查询历史数据。在每天生产结束后，系统自动将生产数据生成报表，报表内容信息可以根据企业需要个性定制。通过上述过程数据采集和追溯系统建设，企业的生产效率和产品质量均得以明显提升。

3. 基于制造执行系统的印染过程质量管理

场景描述：

印染企业依托制造执行（MES）系统的质量管理模块，集合温度/压力智能传感、大数据分析、专家知识库等技术，可以对印染的工艺过程参数进行实时监测和预警。集成条码、标识等技术，在线采集原料、过程参数、设备、人员等信息，上传至 MES 系统，实现产品质量精准追溯。

场景示例：基于制造执行系统的印染过程质量管理智能制造场景

该场景根据质量管理需求，MES 系统的过程质量管理模块由质量计划、数据收集、质量检测、质量分析与报警、质量控制等多个子模块组成。在染缸主生产线安装大量传感器探测染缸内温度、压力等参数，用 MES 系统收集数据和利用 ERP 整理报表分析整个生产流程，一旦某个参数偏离标准工艺，及时报警预判。质量预警信息在客户端上予以弹窗显示，显示内容包括质量预警的位置、时间、预警时的直通率值等。企业引入物料条码、成品条码、订单条码、人员条码和设备条码，若产品质量出现问题，可以根据问题成品的订单号或成品编号追溯到其所使用的物料、设备、人员。根据这些信息可以判断造成问题的原因，并进一步追溯到与该问题成品使用同批次物料、相同设备或相同人员制成的成品，并确定这些成品是否需要召回。通过严格的智能化过程质量管控，企业的需求返工明显减少，浪费也相应减少，产品质量得以有效提升。

4. 印染染料仓储式自动配送

场景描述：

传统粉料配送模式存在粉尘污染等问题。采用染料标准母液管道配送方式进行染料仓储式自动配送，同时在不同配送节点根据工艺需要配备精确计量、在线检测、数据处理、自动冲洗等功能，可以有效解决上述问题，提高印染企业的配送精度和效率。

场景示例：印染染料仓储式自动配送智能制造场景

该场景研发了染料、助剂配送系统应用集散控制技术、计算机网络技术、高性能数据处理技术、在线采集控制技术、工厂自动化技术、可编程控制器多层网络架构技术等，创造性地采用将粉体染料溶解稀释成标准母液后进行输送的方式，实现了不同工况下染料助剂的精确计量与智能配送。同时，该系统附带有与染料化料配套的自动或半自动称粉系统，还包括其他特殊化工原料的检测系统（如碱浓度、双氧水浓度检测、pH 检测等），可与企业的 ERP 管理系统无缝连接。该系统有效减少了产品不良率，显著提高了印染企业生产效率，保证了产品一致性。

5. 印染定型机废气处理设备动态管控

场景描述：

印染定型机废气处理设备易发生故障，且数量众多，布置分散，设备维护成本高。应用设备管理系统，融合智能传感、5G 信息传输、故障机理分析等技术对设备运行状态数据进行采集、展示、分析和故障预警。依托大数据分析等技术，开展设备检维修计划优化，综合设备运行数据，对设备失效模式和时间进行预判,开展设备预测性维护和运行参数调优,提高设备运行效率和寿命。

场景示例:印染定型机废气处理设备动态管控智能制造场景

该场景针对印染定型机废气处理设备的运行特点,构建设备状态感知、网络数据传输、平台智能管控的系统架构,对定型机废气处理设备工艺参数进行智能管控。依托大数据、机器学习等技术分析设备运行数据,获取最佳调控参数区间。设计可视化展示及远程操作功能,通过可视化界面直观展示废气处理设备运行状态、控制参数、工艺流程等各项参数,同时生产管理人员可通过中控室进行设备启停等远程操作。以分类数据库为基础,结合优化控制知识库,开发信息统计、健康管理等系统功能,对设备开展全生命周期管理,提升设备寿命以及运行的稳定性。通过智能化管理,有效解决了设备运行不稳定、故障率高等问题,并对设备控制进行了优化,有效提高了设备的废气处理效率。

6. 印染废水自动监测处理

场景描述:

利用智能传感检测技术在线采集印染废水各项指标数据。构建废水处理仿真模型,分析废水处理各工艺参数及其扰动间的内在规律和特性,预估控制系统动态特性,制定不同状态下的控制策略,并由控制系统驱动设备自动进行投料。印染废水自动监测处理实现了生产过程精准有效控制,驱动了工艺设计优化,有效降低了企业能源消耗以及用药消耗,促进了企业绿色健康发展。

场景示例:印染废水自动监测处理智能制造场景

该场景搭建了基于数据的智能管控平台,对企业印染废水工艺处理进行系统性分析,总结废水特点以及工艺控制技术条件,并制定工艺控制策略。应用智能传感检测技术对企业废水各项指标、有毒有害气体、用能等数据进行在线智能分析检测,通过对这些数据的分析利用,企业可以进行废水处理工艺的配置优化,并实现废水处理与节能降耗间的优化平衡。该场景建设软硬件投入比传统工程增加约10%的资金投入,但节约了企业13%的药耗和10%的电耗,有效降低了企业运营成本,提高了企业经济效益。

第七节 服装领域

服装是衣服、鞋、装饰品等的总称。服装智能制造重点关注服装工艺设计、生产计划与调度、仓储管理与配送、服装柔性生产、服装营销、面向个人定制化服装生产和服装企业大批量定制化生产。

1. 服装工艺三维仿真与协同设计

场景描述：

建立衣型、面料、配饰、颜色库以及设计元素知识库，结合工艺设计软件实现衣片二维设计、模拟缝合、颜色与面料配置并实现模特 3D 虚拟展示。服装设计师与客户参与协同设计，并对样衣进行在线确认。该场景可大幅缩短个性化定制产品的设计开发与客户确认时间，促进产品交期缩短和样衣采用率提高。

场景案例：服装工艺三维仿真与协同设计智能制造场景

该场景使用了工艺设计系统，系统包括 V-Stitcher 三维软件、设计师打样系统（D2M）与排版系统（CAD）。利用 V-Stitcher 三维软件同时实现成衣的三维设计与衣片打版的二维设计，并能进行纸样在人模上摆放并模拟缝合，形成 3D 样衣；在 CAD 排版系统中采用新型 3D 设计方式，较传统的二维 CAD 设计提升了可视化效果及用户体验，将 D2M 设计师打样与 CAD 排版系统相结合，形成产品的快速协同设计体系。该场景使得样衣确认时间从 10～30 天缩短到 1～3 天，成本节省 95% 以上。

2. 基于大数据的服装企业高级排产调度

场景描述：

通过企业资源计划系统（ERP）/库存管理系统（WMS）/供应链管理系统（SCM）等系统，实时采集并监控各类生产信息，实现全流程业务管理。ERP系统根据销售订单生成主生产计划，高级排产调度系统（APS）基于学习曲线建模，根据历史数据计算作业人员个体在不同时段的效率，以此作为约束条件，实现基于人岗匹配、人员绩效的精准人员派工。根据各系统集成后的数据协同，管理作业计划的异常情况，并利用算法及时纠偏。该场景可合理安排生产任务，有效保障流水线的畅通，提升产能和设备利用率，保证质量与计划的准确性。

场景案例：基于大数据的服装企业高级排产调度智能制造场景

该场景通过ERP系统、APS系统和智能调度系统集成，建立了基于大数据的服装企业高级排产调度。通过ERP系统实现本项目成本管理、销售管理、采购管理、生产管理、库存管理等核心功能。ERP系统与工时系统（GST）、制造执行系统（MES）、SCM等系统进行集成，快速地将企业各环节的数据连接起来，及时反映生产情况。根据纺织行业操作人员复杂多变的特点，建立人员作业效率模型。基于历史数据对作业者个体进行效率分析，根据分析结果对作业计划排程。生产出现异常时，在智能调度系统里调用优化算法，对可选的调度指令执行效果进行预测评估。根据预设的优化指标，选择最优的调度指令和处理预案，降低异常问题对生产的负面影响。该场景可有效培养和利用人员多项技能，计划准确性更高，生产效率提升23%。

3. 基于制造执行系统（MES）的服装产线柔性配置

场景描述：

通过自动化产线、智能化装备，ERP，MES，PDM，CAD，WMS，WCS等综合集成应用形成拉动式准时生产（TPSJIT）、生产现场电子看板。每个生产单元仅生产下道工序需要的产品，实现工序间的顺畅衔接和节拍匹配，细致化现场管理，自动化作业分配，科学化库存管理，全流程数据采集，多模块数据分析，实现数字化控制生产全过程管理。该场景可有效保障流水线的畅通，提升企业生产产能。

场景案例：基于制造执行系统建设服装产线柔性配置智能制造场景

该场景通过产品数据中心进行产品模块化设计，部署智能蝶状生产链，通过桥架链完成不同工序、不同工位之间的柔性连接，从而使服装能够在不同的工位或工序之间被调配；将MES系统与吊挂、滚筒线等集成，判定待加工制造的服装类型，从而决定待加工服装的加工路线；通过传感器物联网技术，由 MES 系统完全控制吊挂、滚筒线的每一个动作，并根据实际完成产量，柔性配置、自动调整产线物流方向。该场景使产品生产周期从原来的 25 天降至 4 天，减少了 84%，人均单产从每人每天 1.35 套提升到每人每天 2.5 套，生产效率提升了 85%。

4. 服装自动化立体物资存储管理

场景描述：

服装企业可建设智能化物资存储管理系统。该系统包括高层的立体货架，并用自动化堆垛机、输送机等设备进行货物出入库作业，由控制和管理系统发布指令。除基本功能外，该系统还具有分拣、理货的功能，以及在不直接进行人工处理的情况下，自动存储和取出物料的功能。通过条码及手持终端等技术手段，对仓储中作业动作及过程进行指导和规范，自动采集并记录相关数据。该场景可解决传统仓库占地面积大、空间利用率低的问题，有效节省人力物力。

场景案例： 家纺服装自动化立体仓储物资存储管理智能制造场景

该场景建立了智能化仓储管理系统，系统包括自动识别系统、堆垛机自动控制系统、监控调度系统。通过自动识别系统对货品标记和识别，完成标记后通过堆垛机控制系统进行自动搬运和运输。管理员通过监控系统的监视画面可以直观地看到各设备的运行情况，也可以从货位状态图形中看到立体仓库各货架货位状态、货物托盘状态及货物信息。管理员可以利用计算机管理系统，指挥仓库中各种设备的运行，完成整个仓库的作业管理和账目管理。该场景实现了物料自动化管理，生产效率提升 14.8%，车间物料员减少 5 人。

5. 基于吊挂系统的服装布料精准配送

场景描述：

通过仓库管理系统以及吊挂系统等智能物流装备和仓储管理系统的集成，设置工序工段，将整件衣服的裁片挂在衣架上，根据事先输入好的工序工段，吊挂系统按照相应的生产工艺路线将衣架自动送到下一工位。运用 AGV 进行自动配送，实现各工段间的物流准时传递。该场景实现了自动化物料配送，有效提高了生产效率。

场景案例：基于吊挂系统的服装布料精准配送智能制造场景

该场景运用自主开发的 3D 定制云平台、智能自动调度吊挂系统、仓库管理系统和射频识别系统。吊挂系统与 3D 定制云平台实现数据联通与共享，衬衫水洗唛内容利用射频识别系统通过扫描二维码绑定衣架。3D 定制云平台通过订单工艺分析生成衣架路线图并下发吊挂系统，将衣架分送到各个工位，进行相应工艺加工。车间内利用 AGV 小车进行面料的配送。该场景使物流作业工作效率提升 50%，生产效率整体提升 5%，劳动生产率明显提升。

6. 服装家纺物料全流程追踪

场景描述：

物料入库前将物料代码、入库时间等信息写入 RFID 标签/二维码中作为物料唯一标识，利用仓储管理系统完成物料信息录入；通过制造执行系统接收资源计划系统的生产信息，与仓储管理系统、计算机辅助系统、吊挂系统、裁床控制系统等集成，以及通过车间内的智能物流设备，完成物料裁剪，半成品、成品在车间内的流转和跟踪。该场景可加快车间内各产线的响应速度，提高各环节生产效率。

场景案例：服装家纺物料全流程追踪智能制造场景

该场景通过制造执行系统与裁床、企业资源计划管理系统等软硬件集成，实现在生产过程中自动采集关键物料、设备、人员等资源信息并上传到系统中。所有裁剪面料在入仓前进行品检，数据传入企业资源计划管理系统做数据记录及追踪查询。当一卷布查验完成后，系统赋码入库。面料到达车间开始拉布时，先扫描分床二维码，获取拉布信息，并同步推送至拉布机床；拉布完成后，系统根据主面料、层次、长度、尺码配比等信息自动生成裁片包和二维码，一直到成品出货，每个生产环节都进行扫描；系统可实时监控到每个生产环节的在制品，实时调度安排。该场景可以加快半成品的流转速度，降低在制品35.1%，提高生产效率，缩短交期40%。

7. 纺织行业渠道合作伙伴关系管理智能制造场景

场景描述：

通过搭建线上线下渠道管理体系信息平台，通过对渠道运营信息大数据精准分析，使用分析管理工具帮助企业建立渠道效益分析和科学决策的能力。同时根据需要搭建合作伙伴的拓展策略制定、渠道能力评价优化和退出、渠道黑名单处罚、渠道返点激励等功能场景，全面深入地满足企业渠道运营管理的需求。该场景依托合作伙伴渠道体系面向消费者和各级分销商树立优秀的企业品牌形象，从而拓展全国渠道销售能力和市场覆盖率。

场景案例： 纺织行业渠道合作伙伴关系管理智能制造场景

该场景搭建了客户关系管理系统，系统实现了商机销售漏斗管理、预警消息提醒和客户分级管理。通过商机销售漏斗管理标准化销售体系，形成科学的过程管理模板。根据对客户事前资信申请、事中授信控制以及事后的监控处理，实现客户资信管理。根据客户历史订单和客户资信信息，建立客户分级模型，实现基于客户销量、利润贡献、客户潜力的多维度综合分级。基于分级，制定对应的营销策略，通过市场执行与反馈进行模型的调整与优化，预测客户销售计划。该场景可以依托对行业大数据的分析处理，及时响应市场需求，制定恰当的营销策略，合理布局市场，提升品牌价值和销售收益。

8. 外发生产模式下的半成品及原辅料物流监控智能制造场景

场景描述：

建立面辅料分发数字化工具，对外发目的地、品种、数量进行设置，生成二维码并粘贴，面辅料入场进行检查，外发厂扫描查看发货清单，验货上传确认，生产加工扫码进行面辅料领用、使用确认，方便进度跟踪。该场景可实现外发业务中各项面辅料分发、物流信息采集、生产过程信息跟踪追溯以及生产预警，避免多次转发导致的质量和交期不可控，实现外发生产效率最大化。

场景案例：外发生产模式下的半成品及原辅料物流监控智能制造场景

该场景在寄送面辅料环节，跟单人员通过软件服务化的面辅料分发数字化管理工具，将面辅料的外发目的地、品种、数量等信息设置成二维码并粘贴，以扫码的方式进行发货确认和拍照存档，便于后期追查。外发厂收到面辅料后，通过手机或 PDA 等方式扫码查看发货清单，进行收货清点和拍照上传确认，及时发现误发情况。同时，通过上传照片的方式存证，减少纠纷。在生产加工过程中，可以通过扫码的方式进行面辅料领料、使用确认，使跟单人员在缺乏跨供应链体系的信息化软件的情况下一键查看生产进度（如钉扣），外发厂也可以根据实际生产情况申报面辅料短缺。该场景可实现外发生产精准管控，确保如期交货。

9. 面向 C2M 的服装家纺智能量体定制

场景描述：

通过对各品类服饰部件模块化分解，经 2D、3D 建模组成产品数据中心，同时基于自身采集（如拍照、人工录入等）的人体体型大数据建立了智能量体模型，该模型配合机器视觉能够精确量体。消费者通过 App 自由选择可选面料、辅料、部件工艺，自行进行产品设计，生成精准且个性化的形体 3D 数字模型，在此孪生模型上选择产品数据中心中的部件，完成个性化服饰设计方案。基于视觉的服装工艺，智能量体定制能有效解决服装设计对设计师的技艺高依赖性问题，节省新款开发时间。

场景示例：面向 C2M 的服装工艺智能量体定制智能制造场景

该场景建设了企业级服装产品资料数字化研发管理平台，该平台包括 3D 仿真试衣系统、AI 智能量体系统和 TOC 高定 3D 选款小程序商城。通过 AI 量体，建立人体体型数据模型，依托 3D 仿真试衣系统，标准化拆解各品类服务部件，建立设计版型库，实现个性化定制产品的快速数字化设计与仿真；通过版型库、用户人体尺寸、个人喜好，为用户精准服务，提供可视化的设计样衣，用户 DIY 或在设计交流后可自行下单。该场景将研发环节从原来客户无法参与变为客户可参与或客户自主的模式，产品设计周期大幅缩短，节省高达 60% 的样品生产时间，从而提升了客户满意度。

第八节 家纺领域

家用纺织品又名装饰用纺织品，包括窗帘、布艺、靠垫、床品、地毯、浴巾、床笠、床罩、蚊帐、凉席、被子、毛毯、抱枕、厨房纺织品等。家纺智能制造重点关注精益生产、质量检测、设备管理、零售管理以及大批量定制生产。

1. 家纺智能悬吊精益生产管理

场景描述：

悬吊系统的控制系统同生产执行系统集成，接收工位排位数据。控制系统推送任务到各个流水线工作站的智能终端，指挥裁片的运送线路。通过控制系统与工作站智能终端的数据交互，实时反映每个工作站、每个员工、每个吊架、每个工单当前的生产状态，动态显示生产进度。根据各工作站的待加工堆积量，动态平衡生产流水线。该场景可对生产过程实时监控，快速反应，加快物流周转。

场景案例：家纺智能悬吊精益生产管理智能制造场景

该场景建设了智能悬吊精益生产管理系统。系统包括实时信息系统、高悬的传送系统、可单独寻址的工作站以及中央控制系统。该系统由计算机管理，可采集所有用于监控生产、管理生产的数据，通过数据分析对生产线做出迅速调整，并能满足扩大生产的需要。系统把一件产品的所有裁片作为一个整体进行传送。一件产品的所有裁片（例如床垫生产中的面张、包边、拉链等）被挂到一个可寻址的吊架上，送往各道工序，每道工序都在独立的工作站中进行,所有工序完成后得到成品。该场景减少了人工搬运操作量,缩减了前期准备时间,从而大幅缩短了投入产出时间,生产效率可提升30%以上。

2. 基于视觉技术的家纺面料质量检测

场景描述：

采用具备视觉技术的智能化质量检测设备（如工业摄像头、光学智能检测等）对面料生产过程的关键环节或工序进行瑕疵检测,将检测数据上传至大数据平台,经由质量管理系统运用算法将检测数据与布匹瑕疵数据库对比分析,判定瑕疵位置与瑕疵种类,并将面料工单信息与检测结果统一进行数据库管理,方便查询打印。该场景解放了原有人工投入,大大节约生产用工成本,提高了检测的准确程度和检测效率。

场景案例：基于视觉技术的服装质量检测智能制造场景

该场景建立了质量数据管理平台,平台包括面料视觉检验系统和质量管理系统。通过面料视觉检验系统,对面料进行基于机器视觉扫描的质量检验,主要检验布料表面缺陷、平整度、对称度、缝纫平直度等。通过质量管理系统,运用瑕疵检验算法将瑕疵图片分割、判别、分类,最终输出是否有瑕疵以及瑕疵种类、位置、大小等信息,以瑕疵地图形式动态标注瑕疵在布匹上的坐标位置。

动态绘制柱状图记录各类瑕疵的数量，帮助质量管理人员找到产生质量问题的原因。该场景有利于把控质量、改进技术，使检验作业工作量减少90%，质量问题下降20%。

3. 家纺服装企业设备全生命周期管理

场景描述：

对设备资产信息（包括设备编号、设备名称、类别、等级、存放位置等）统一汇总，方便设备点检，对设备所有维修记录进行标准化文档处理，自动在线监测设备工作状态，实现在线数据处理和分析判断。根据历史维修记录，及时进行设备故障自动报警和预诊断，部分设备可自动调试修复，在现场每台单机或每个功能区域都提供了人机交互界面，方便现场维护和调试。该场景可以实现设备集中计划管理，实现设备管理溯源。

场景实例：纺织服装企业设备全生命周期管理智能制造场景

该场景搭建了纺织服装企业设备管理信息系统。设备维护方面，通过在线监测设备的生产运行情况，记录设备的故障率、利用率等指标，分析当前设备故障原因、故障类型，并给出处理措施，完成对重大异常生产情况的警示；在日常维护方面，根据采集设备的有关数据及档案，自动生成设备维修保养计划，并监督维修人员工作进程，及时了解维修情况。同时，系统可以按照设备的种类进行划分，提供定期的点检计划，并根据设备实际运行情况有针对性地制定点检内容，查看设备备件库管情况。该场景提高了设备可靠性和可利用率，减少了设备故障停机时间，提升了设备的综合效率。

4. 基于快速响应的家纺零售管理

场景描述：

借助智慧营销系统，聚合全渠道用户，沉淀私域流量，加速线上线下全域流量融合；结合线下多门店布局与线上的小程序、公众号和社群以及店外导购运营，提升门店运营与导购效率；联合优秀的服务商进行更深度的用户运营，并以优质的服务圈定社交圈，打造家纺零售消费服务生态圈。该场景可以有效增加客流量，促进商品高效运转。

场景案例：基于快速响应的家纺零售管理智能制造场景

该场景建设主要依靠自主开发的家居社交电商平台、电商直播等。在家居社交电商平台上，加盟商以线下实体门店为支撑，将商城作为云店和云货架，在线销售集团旗下所有品牌商品，打破传统销售模式的桎梏，通过"社交"和"私域流量"打开新的突破口。此外，通过与直播平台及头部主播的战略合作、公司总部+门店直播、创办直播研究院等方式，整合内外部资源，将电商直播作为完善智慧零售新业态中的重要一环。该场景使企业线上业务增速超过100%，业绩占比迅速提升至30%以上。

5. 面向大批量定制的家纺服装企业敏捷生产

场景描述：

通过工艺知识库选定客户所需版型及细节，利用算法与数据排料，人工辅助高速裁刀快速裁剪。在缝纫环节，根据算法按照任务量、技术类别、复杂度，利用自动吊挂系统自动推送产品至各个工位，工人扫描RFID卡，即可读出该工位上所需的全部工艺和细节要求。该场景可快速适应客户随时变化的制作要求，联动设计、采购、生产的变化，真正解决大批量定制中所碰到的痛点、难点问题，提高合体率和顾客满意度。

场景案例：面向大批量定制的服装企业敏捷生产智能制造场景

该场景建立了面向服装团体定制的智能制造系统，该系统包括版型数据库、自动排料算法、智能裁剪管理系统和吊挂系统、传感器、无线射频（RFID）、App监测等手段。其中，智能裁剪管理系统作为工艺设计数据库和服装排料管理系统的桥梁，将分别来自两者的裁剪信息、裁剪文件以及计划单等进行信息汇集，并将物料信息传递给仓库、分配信息传递给唛头，唛头接收服装排料管理系统的二次编码信息，由来自仓库和唛头的信息共同决定如多层裁剪、小多层或一次精裁在内的裁剪信息分配，并由裁剪信息决定分床方案。该场景极大地降低了对分床计划人员的技术性要求和经验性要求，提高了生产效率和材料利用率。

第五章 纺织行业小结

行业智能制造场景库是在工业和信息化部总结的 52 个智能制造典型场景的基础上,结合当前行业发展现状及产业链特点编制而成,具有一定的示范性和可复制性。行业智能制造场景库是引导企业分步实施"智改数转"的有效抓手,是检验智能制造阶段性成效的有力工具。未来新工艺、新装备、新一代信息技术的融合发展,将不断催生智能制造新模式和新业态,促进智能制造场景的创新发展。

展望一:智能制造场景建设是制造业践行智能制造的"过河石"

智能制造场景聚焦于智能制造技术在制造过程单个环节或多个环节的应用,建设难度低,同行业内可复制性强。制造业企业尤其是中小型企业,以此为抓手进行"智改数转"易于实施,成效显著。企业可以根据自身发展现状和需求,选择改造的场景,并逐步扩大场景建设范围,进而带动企业和行业的智能制造水平提升。

展望二:行业智能制造场景库是服务商研发解决方案的"词典"

服务商可以依据某一行业的智能制造场景库,快速识别该行业特点和"智改数转"重点,为企业提供定制化和成熟化的场景级智能化改造实施方案。服务商和制造业企业可以通过检索场景"词典",高效完成供需对接,提高制造业企业与服务商间的沟通效率。未来行业智能制造场景库可以为智能制造系统解决方案服务商分类分级提供借鉴。

展望三:新技术将不断推动智能制造场景创新发展

随着5G、人工智能、数字孪生、区块链、虚拟现实(VR)/增强现实(AR)/混合现实(MR)等新技术在制造环节的深度应用,依托行业智能制造场景库,探索"数字孪生+""人工智能+""虚拟/增强/混合现实+"等新一代智能制造场景,推动场景在制造单元、车间、工厂、供应链等载体上灵活叠加组合,构建虚实融合、知识驱动、动态优化、安全高效、绿色低碳的智能制造系统,分行业推动制造业实现"智改数转"。

附 录

一、技术缩略语

序号	缩略语	全称	释义
1	MRP	Material Requirement Planning	物料需求计划
2	QC	Quality Control	质量控制
3	LIMS	Laboratory Information Management System	实验室信息管理系统
4	SRM	Supplier Relationship Management	供应商关系管理
5	EM	Equipment Module	设备模块
6	OA	Office Automation	办公自动化

续表

序号	缩略语	全称	释义
7	APS	Advanced Planning and Scheduling	高级计划与排程
8	MES	Manufacturing Execution System	制造执行系统
9	RFID	Radio Frequency Identification	射频识别
10	WMS	Warehouse Management System	仓储管理系统
11	ERP	Enterprise Resource Planning	企业资源计划
12	QMS	Quality Management System	质量管理系统
13	CRM	Customer Relationship Management	客户关系管理
14	PLM	Product Lifecycle Management	产品生命周期管理系统
15	TMS	Transportation Management System	运输管理系统
16	SLP	Service Location Protocol	服务定位协议
17	PQ/PR 分析	Product Quantify and Process-Route Analysis	产品数量和工艺路线分析

续表

序号	缩略语	全称	释义
18	CAE	Computer Aided Engineering	计算机辅助工程
19	NVH	Noise, Vibration, Harshness	噪声、振动与声振粗糙度
20	CFD	Computational Fluid Dynamics	计算流体动力学
21	VTF	Vibration Transfer Function	振动传递函数
22	ERP	Enterprise Resource Planning	企业资源计划
23	SRM	Supplier Relationship Management	供应商关系管理
24	APS	Advanced Planning and Scheduling	高级计划与排程
25	BI	Business Intelligence	商务智能
26	PLC	Programmable Logic Controller	可编程逻辑控制器
27	IoT	Internet of Things	物联网
28	PDCA	Plan, Do, Check, Act	计划、实施、检查、处理

续表

序号	缩略语	全称	释义
29	RFID	Radio Frequency Identification	射频识别
30	GPS	Global Positioning System	全球定位系统
31	MES	Manufacturing Execution System	制造执行系统
32	BOM	Bill of Material	物料清单
33	ETL	Extract-Transform-Load	数据仓库技术
34	SaaS	Software as a Service	软件即服务
35	PaaS	Platform as a Service	平台即服务
36	Api	Application Programming Interface	应用程序接口

二、预制菜核心智能装备

序号	环节	程序	设备名称	工作原理	应用场景
1	预处理	清洗	鼓泡清洗机	采用鼓泡冲浪的形式，果蔬在清洗过程中受水流和气泡的双重作用，不停地做任意方向旋转翻滚，可彻底清洗，脱盐，去除农药残留，循环水将原料冲进出料提升机；由水箱、翻料器、风机等部分组成。	适用于果蔬原料的柔洗。
2			滚杠毛刷清洗机	毛刷由不锈钢管装载聚乙烯刷毛组成。不锈钢链条带动毛刷公转，果蔬在两条毛刷的带动下旋转，毛刷对果蔬进行清洗，同时配合人工拣选，挑去不合格果蔬。不合格果蔬由上置或下置的废料输送装置运输走。	适用于果蔬原料的柔洗。
3			滚筒毛刷清洗机	物料进入滚筒后通过喷淋管冲洗以及板刷刷洗达到清洗效果，滚筒下方有两个水箱，靠近进出料的清洗水箱，进水管接清水，靠近进料边的为循环水箱，从冲孔滚筒洗过物料的水源经过滤二次利用。	适用于根菜类蔬菜的清洗。
4			翻斗式洗菜机	由四个翻斗槽组成，物料分别经次氯酸钠浸泡→20℃常温水清洗→8℃左右预冷水→冰水冷却，冷却后物料由翻斗翻出进入下一道工序，可严格控制每个翻斗槽的浸泡时间，且时间可调。	适用于蔬菜类清洗。

续表

序号	环节	程序	设备名称	工作原理	应用场景
5	预处理	清洗	涡流式叶菜清洗机	主要利用涡流原理进行清洗。水流在机器内部形成涡流，将蔬菜、水果等食材带入涡流中，通过强力摩擦和冲击，将食材表面的污垢、农药残留物、细菌等清洗干净。同时，机器内部的过滤网和消毒装置可进一步去除水中的杂质和细菌，使清洗效果更加显著。	适用于叶菜类清洗。
6			高压喷淋清洗机	采用上下水错位对喷，下部有接水箱、过滤网板，使喷淋后的水通过网板过滤后用水泵重复利用。	适用于果脯、生姜等比较难以清洗的物料，也可用于部分肉类清洗。
7			超声波清洗机	采用鼓泡、冲浪和提升处高压喷淋，右侧加强制循环水箱，使用水经过三道过滤后，循环使用。臭氧发生器能更好地对蔬菜杀菌消毒。	适用于加工净菜的叶类蔬菜，如包心菜、辣椒、瓜类等。
8		去皮	蒸汽去皮机	蒸汽生成系统产生高温高压蒸汽，蒸汽通过蒸汽传导系统输送到加热室，食物放在加热室内，蒸汽通过加热室内的喷嘴或喷淋装置喷射到食材表面，使其迅速受热，去除外皮。	适用于块茎、根茎蔬菜和水果的去皮。

续表

序号	环节	程序	设备名称	工作原理	应用场景
9	预处理	切割	切丁机	电机通过传动装置将动力传递给切割刀片，使其旋转。切割刀片的旋转速度和切割腔室的设计可有效实现切割；配置速度调控装置，分为精细化低速加工和大产量高速加工模式。	适用于将不带骨冻肉、熟肉切割成丁（块）状，用于肉类加工厂、中央厨房、团餐配送等场所。
10	预处理	切割	大型冻肉切片机	通过动力系统驱动刀片进行高速旋转，从而将肉类进行切片；配置切片厚度调节装置，根据需求调节切片厚度。	适用于切割食品切片如肉类、三文治火腿、香肠、奶酪、鱼等；切排如猪排、牛排等产品；切卷如牛羊肉卷、肥牛卷等。
11	预处理	切割	鲜肉熟肉切片机	通过动力系统驱动刀片进行高速旋转，从而将肉类进行切片；配置锋利刀片，使切割均匀，减少切割面的原肉损耗；减少切割面与外部空气接触，减少细菌污染。	适用于一次性切割（最宽355毫米）食用肉、加工肉、冷藏肉、鲜肉、熟肉切片。

续表

序号	环节	程序	设备名称	工作原理	应用场景
12	预处理	切割	斜切机	利用刀片来回往复切割原理，对肉类进行斜切片。	适用于大型三文鱼、巴沙鱼、草鱼、墨鱼、黑鱼等鱼类，适合熟肉类、熏制肉类、熏制鸡鸭肉、板筋、肚类、猪耳朵等产品的斜切割。
13	预处理		砍排机	通过传动系统及刀俎运动的配合，对牛排、排骨、冷鲜肉以及其他中大型规格的食材，进行片状、段状以及丁状切割的设备。	对牛排、排骨、冷鲜肉等大型规格食材进行片状、段状以及丁状切割。
14		脱水	离心式脱水机	以离心运动为其工作原理，即由电动机带动内胆高速转动，清洗后蔬菜的水分在高速旋转下做离心运动，排出水分，达到脱水目的。	用于各类蔬菜，水果，大米，大麦，肉类，排骨等物料进行脱水甩干。
15		解冻	解冻清洗机	采用流动水为解冻介质，通过鼓泡发生装置产生气泡，将水翻涌流动，从而达到解冻目的。	适用于食物解冻。

续表

序号	环节	程序	设备名称	工作原理	应用场景
16	预处理	解冻	低温高湿解冻机	利用低温高湿度循环空气吹拂被解冻产品，使产品表面形成均匀的气流组织，通过分阶段控制解冻的温度和时间，使其缓慢解冻并保鲜，避免了"水解冻"和"微波解冻"造成的食物互相污染和水溶性蛋白流失。	适用于猪牛羊肉、禽肉类及水产品等食品加工业。
17	预处理	解冻	射频解冻机	通常由发射器和接收器组成。发射器通过射频发射装置将射频能量传输到食品中，而接收器负责接收和转换射频能量。射频能量在食品中产生共振效应，使食品中的水分子发生剧烈的分子振动并转化为热能，从而迅速解冻食品。	适用于肉类（牛肉、猪肉、羊肉等）、家禽（鸡、鸭、火鸡等）、鱼类和海鲜、蔬菜水果、熟食等食品解冻。
18	预处理	解冻	微波解冻机	将食物放置在微波辐射场内，利用微波对食物分子产生的振动摩擦作用，不断增加分子内部的热量，从而达到加热和解冻的目的。在微波解冻的过程中，微波照射到食物内部时，会使水分子产生高速运动和摩擦，导致分子之间的相互摩擦和撞击，产生热量，最终将冰冻的食物解冻。	适用于各种肉制品的解冻，包括肉类、禽类、鱼类等，还可以用于蔬菜、水果等其他食品的解冻。

续表

序号	环节	程序	设备名称	工作原理	应用场景
19	腌制/调味	腌制	真空滚揉机腌肉腌料腌制机	核心部件是真空室和滚揉器。真空室负责在腌制过程中创造一个低压环境,促进肉类细胞的排液和吸收腌料;滚揉器则通过不断旋转和按摩,使肉类均匀地吸收腌料,从而改善肉类的口感和质地。	适用于猪肉、牛肉、鸡肉等肉类腌制。
20		腌制	液压真空腌制机	将食材腌制在真空状态下,以达到更好的口感和风味的设备。它通常由液压系统、密封容器和控制系统组成,通过控制气压来调节食材的腌制时间和温度,从而实现对肉类等食材的风味提升。	适用于猪肉、牛肉、鸡肉等肉类腌制。
21			盐水注射机	设备可根据产品和工艺要求调整步进速度、步进距离、压肉板间隙和注射压力,均匀连续地通过注射针将腌制液注射到产品中,使其在自动盐水注射机中均匀分布,达到快速腌制、增加调味料、保持肉类营养、增强口感的目的。	适用于猪肉、牛肉、羊肉、鸡肉、鱼肉等肉制品的加工及火腿、肉串、烤肉等食品加工企业。
22		调味	滚筒式调味机	基于滚筒内部的特殊结构和运动方式。当设备启动时,滚筒开始旋转,物料被投入滚筒内部。由于滚筒的倾斜角度和旋转方向,物料在滚动的过程中不断地受到抛掷、撞击等作用力,从而实现了混合和搅拌的效果。同时,滚筒的翻转动作使物料得以在滚筒内部不断地进行位置变换,进一步增强了混合的均匀性。	适用于面粉、调味料等的混合。

续表

序号	环节	程序	设备名称	工作原理	应用场景
23	烹饪	煮	无菌包装米饭生产线	1）筛选，通过色选等方法去除杂质、碎米，或带有霉点、未熟颗粒等。 2）清洗，采用多道清洗洗米机将大米清洗干净。洗米水分级循环使用，即后一道冲洗下来的水，用于前一道冲洗，从而大幅减少用水量。 3）浸泡，使米粒充分吸水，一般浸泡时间为30～60分钟，浸泡完成后进行滤水。 4）装填，将滤掉浸泡水的大米定量装填至PP容器中。容器大小分成几档，一般能适合装填120～200克米饭的容量（普通成人一餐食用量）。 5）压平打孔，将容器中的大米压平，在大米上压出若干排小孔。 6）高压灭菌，将盛有米的容器送入特殊设计的高压灭菌装置，首先通入高压蒸汽3～6秒，然后排掉蒸汽，再通入蒸汽3～6秒，再排掉，重复上述操作3～6次；F值应保证在140℃以上，维持6～12秒； 7）加水，将酸度调节后的纯净水定量加注至大米中。加注量一般比例1.1～1.3倍。	无菌包装米饭适应现代生活节奏需求，并可作为军事、救灾应急储备食品，推动中华传统主食制造工业化进程、连锁化、品牌国际化建设，拓展现代农业、餐饮业发展新空间。

续表

序号	环节	程序	设备名称	工作原理	应用场景
23	烹饪	煮	无菌包装米饭生产线	8）一次封口，对饭盒进行封口，预留饭盒的一角敞开；饭盒不完全封死的作用是防止后续蒸煮时胀包，同时为气调留注入口。 9）蒸煮，将饭盒送入蒸煮设备，向蒸煮设备内通入蒸汽加热，加热的时间为20～25分钟，温度为98～106℃。 10）第一次冷却，在室温下自然冷却，自然冷却的时间为7～12分钟。 11）气调，通过敞开的饭盒一角向饭盒内充入无菌洁净氮气。 12）二次封口，将容器完全封口。 13）二次杀菌，在灭菌装置中通入蒸气加热，温度控制在85～98℃，时间为12～15分钟。 14）第二次冷却，喷淋8～12℃冷水，将饭盒内的米饭快速降温至35℃以下。 15）除水，包装，将容器外部的残留水吹干。 16）真空检测，并包装至纸箱。	无菌包装米饭适应现代生活节奏需求，并可作为军事、救灾应急储备食品，推动中华传统主食制造工业化进程、连锁化、品牌国际化建设，拓展现代农业、餐饮业发展新空间。

续表

序号	环节	程序	设备名称	工作原理	应用场景
24	烹饪	煮	商用柜式炊饭机	使用燃气明火煮饭，采用放射状加热器，使米饭受热均匀，并搭配离子熄火保护、超温保护、超时保护。	适用于小规模食堂或空间限制的地方，除加工白米饭，还可以做什锦饭或煮粥。
25	烹饪	煮	燃气可倾汤锅	使用天然气或液化气等加热，内外部不锈钢的锅体可翻转、倾斜，方便进料卸料，可根据烹饪的工艺完成汆水。	适用于煲汤、熬煮粥、煮水饺、面条及预制菜等食物的汆水。
26	烹饪	煮	蒸汽夹层锅	使用反压力蒸煮，利用夹层中的蒸汽传导容量，将食物加热熟透，锅体可以倾斜，锅体主要是内胆、夹层、外胆的夹套结构。	适用于煲汤、熬煮粥、煮水饺、面条及预制菜等食物的汆水。
27	烹饪	煮	自动煮粥锅	采用夹套结构进行加热，换热面积大，可实现自动搅拌、自动下料。	适用于熬煮各种粥类食物。
28	烹饪	煮	高压煮锅	采用半球形锅体设备双层带夹套，蒸汽或者导热油通过夹套打入锅体内部，高压煮锅内部密封环境产生高压蒸汽，使锅内温度升高，水的沸点升高，热量快速传递给食物，将其煮熟。	多用于肉制品、豆制品、骨头、酱料等产品的蒸煮熬制。

续表

序号	环节	程序	设备名称	工作原理	应用场景
29	烹饪	漂烫	燃气翻转漂烫锅	加热：使用天然气或液化气等能源产生热能，直接传递给锅底或通过热传导器件传递给锅底。翻转：通过电机或气动装置控制锅体自动翻转，倾覆锅内网状料斗进出料。	适用于对叶菜类、根茎类、球根茎类果蔬、干货类、海产品类及预制菜等可进行漂烫、熬煮，也可以煮面条、煮水饺。
30	烹饪	漂烫	蒸汽翻转漂烫锅	使用反压力蒸煮，利用夹层中的蒸汽传导容量，对食物进行加热至其熟透，锅体可自动翻转，倾覆锅内网状料斗，出料方便，锅体主要是内胆、夹层、外胆的夹套结构。	适用于煮面条、煮水饺及预制菜等食物的汆水。
31			漂烫机	螺旋式大容量漂烫机由加热段、冷却段、自动控温等装置组成，物料加入进料口，进入螺旋预煮机中，蒸汽通过管路进入内外筒之间的夹套中，将内筒加热，同时将物料加热。物料在螺旋推进器的作用下，边加热边前进，达到工艺要求的温度及时间后，物料由出料口排出。	适用于脱水蔬菜和速冻果蔬加工领域，是薯条加工、果蔬护色、鲜食玉米等产品的主要加工设备。

续表

序号	环节	程序	设备名称	工作原理	应用场景
32	烹饪	蒸	大型蒸箱	专门用于加工大量蒸煮食材的设备，采用内外罩双重结构，蒸笼密闭式组合，内置蒸车及蒸车定向轨道；利用蒸汽产生高温高压环境，使食材快速蒸熟。	广泛适用于各类食品及预制菜等的蒸制。
33		炒	燃气旋转炒锅	使用天然气或液化气等加热，内外部不锈钢的锅体可翻转、倾斜，方便进料卸料，可根据烹饪的工艺要求自动炒菜。	适用于炒饭、炒面及预制菜等多种菜肴的制作。
34			燃气可倾炒锅	使用天然气或液化气等加热，内外部不锈钢的锅体可倾斜，方便进料卸料，可根据烹饪的工艺要求自动炒菜。	广泛适用于各类菜肴的炒、烩、煮、煲及预制菜等食物的氽水。
35			燃气搅拌炒锅	配置自动搅拌机械手，搅拌机自转公转同步进行，搅拌器与锅体可以充分接触；使用天然气或液化气等加热，热效率高；锅体可倾斜，方便进料卸料。	适用于食品加工、餐饮、烘焙、调味品、医药等行业。
36			蒸汽夹层炒锅	使用反压力蒸煮，利用夹层中的蒸汽传导容量，对食物进行加热至其熟透，锅体可以进行倾斜，锅体主要是内胆、夹层、外胆的夹套结构。	适用于菜肴烩制、煲汤、预煮、熬煮粥、煮面条及预制菜等食物的氽水。

续表

序号	环节	程序	设备名称	工作原理	应用场景
37	烹饪	炒	蒸汽搅炒锅	使用反压力蒸煮，利用夹层中的蒸汽传导容量，对食物进行加热至其熟透；锅体可以进行倾斜，配置自动搅拌机械手，搅拌机自转、公转同步进行，转速可调；锅体主要是内胆、夹层、外胆的夹套结构。	适用于各种高黏度物料的搅拌加热蒸煮炒制。
38	烹饪	炒	挂壁锅	锅体可悬安装至墙上，两边可配置炒锅和汤锅，使用天然气或液化气等加热，内外部不锈钢的锅体可倾斜，方便进料卸料，清洗方便，可根据烹饪的工艺要求自动炒菜。	广泛适用于各类菜肴的炒、烩、煮、煲及预制菜等食物的汆水。
39	烹饪	烤	电烤箱	利用电热元件所发出的辐射热来烘烤食品。	适用于烤鸡、烤鸭、烘烤面包、糕点等。
40	烹饪	炸	连续油炸机	以电、煤或天然气为加热能源，采用变频无级调速，控制油炸时间；设有自动起吊系统，上罩体和网带可升降，对产品进行提升；上、下双层网带传输，产品夹在双层网带间，避免产品漂浮；将产生的废渣过滤油渣并随时排出。	适用于肉类、水产、蔬菜、面食等食品的油炸加工。
41	快速冷却	快速冷却	快速冷却机	利用制冷剂在制冷系统中的循环流动，将食品表面的热量传递到制冷剂中，从而实现对食品的快速冷却。其主要包括制冷剂循环系统、传热系统、电控系统等部分。	适用于蔬菜类、主食类、家禽类、水产类、油炸类、馅料类食品冷却。

续表

序号	环节	程序	设备名称	工作原理	应用场景
42	快速冷却		真空冷却机	真空冷却机利用真空泵将工作室内气体抽取出来，物体与真空环境充分接触，冷却机对物体进行降温，物体表面的热辐射能量将通过辐射传热的方式向周围环境散发。	适用于禽类熟食肉制品、米饭、快餐、米面制品、豆制品、蔬菜等食物。
43	快速冷却	速冻	螺旋式速冻机	拥有多层螺旋式输送带，食品在速冻机内以螺旋式转动方式层层递进，配合循环冷冻气流，从而进行快速冷冻。	适用于面团、即食肉类、家禽类等多种产品的速冻。
44			箱式货架速冻机	采用逆流传热的方式，产品流动方向与制冷空气方向相反；配合逆向的循环气流，最冷的气流会先从速冻机底部喷出，优先吹向最接近出料位的货架上，保证准备离开速冻机的产品拥有最低的温度；以货架方式输送盘装、盒装的产品，透过伺服驱动的升降机带动货架。	适用于盒装产品、整只禽类、分割品（腿、翅、五花肉等）、盘装食品（便当、快餐等）。
45			箱式货多通道托盘速冻机	采用逆流传热的方式，产品流动方向与制冷空气方向相反；配合逆向的循环气流，最冷的气流会先从速冻机底部喷出，优先吹向最接近出料位的货架上，保证准备离开速冻机的产品拥有最低的温度；以货架方式输送盘装、盒装的产品，透过伺服驱动的升降机带动货架。	适用于纸箱装产品、整只禽类、分割品（腿、翅、五花肉等）、塑料、金属托盘装产品。

续表

序号	环节	程序	设备名称	工作原理	应用场景
46	快速冷却	速冻	流态化单体速冻机	通过均匀分布的气流和流态化控制，使产品保持恒定的空气温度和速度，对产品进行速冻。	专门针对需要温和处理的散装产品，如蔬菜、水果等。
47			冲击式速冻机	当食物通过输送带时，风刀带动高速喷射的冷空气，从上下方向通过传送带吹向食物，从而实现快速冷冻，减少冰晶形成、水分流失和脱水。	适用于油炸类、肉类、海鲜类、家禽类食品的速冻。
48	装盘与包装	分装	米饭自动分装机	搭配自动落盒装置，快捷供应饭盒到分装生产线上，并对米饭进行自动分装；并搭配可视化摄像头，可观察米仓内米饭存量及打餐线实时情况；可连接中央厨房系统，进行数据采集和远程控制。	适用于中央厨房、团膳、企业、部队食堂米饭分装。
49		装盘	装盘机	将食材按照特定规格和形状装盘，并且可以快速完成装盘。	适用于各类食物装盘。
50		包装	真空包装机	自动抽出包装袋内的空气，达到预定真空度后完成封口工序。亦可再充入氮气或其他混合气体，然后完成封口工序。	广泛适用于各类食品。

续表

序号	环节	程序	设备名称	工作原理	应用场景
51	装盘与包装	包装	复合气调包装机	将原有的包装盒内空气抽真空，充入按一定配比的混合气体（氮气、氧气、二氧化碳）对被包装的食品进行有效保鲜保护。	适用于新鲜果蔬、菌菇、各类卤菜、炒菜、鱼肉制品、生鲜畜禽等食品的包装。
52			贴体包装机	处于加热融化临界点的贴体膜在贴近产品时，与产品之间形成一个密封环境，电控系统触发真空源释放，贴体膜被瞬间快速真空拉伸，同时加热系统停止加热，贴体膜贴紧被包装的产品，降温定型。	适用于牛排、猪肉、鸡鸭、火腿、三文鱼、鳕鱼、虾、海参、鲍鱼、各类蔬菜瓜果等。
53			液体灌装机	重力灌装原理：重力灌装机利用物体受重力作用下的压力差来进行灌装。液体通过一个容器顶部的储液罐流入灌装头，然后通过重力进入待灌装的容器。这种原理适用于较低粘黏度的液体产品。压力灌装原理：压力灌装机利用气压差推动液体进入容器。液体被储存在一个密封的储液罐中，向罐内注入压缩空气，形成一定的压力。当容器与灌装头连接时，压力将液体推入容器中。这种原理适用于较高黏度的液体产品。	重力罐装机适用于灌装低黏度不含气体的液体食品，压力灌装机适用于含气体的液体食品。

续表

序号	环节	程序	设备名称	工作原理	应用场景
54	装盘与包装	包装	半流体包装机	首先将待包装的半流体物质放置在半流体供料泵中，半流体物质通过输送管道输送到灌装头部位。同时，数控系统控制半流体供料泵的泵送速度和输送管道的气压，以达到精准计量和流畅运输的目的。在填装过程中，半流体物质可以根据需要进行预设加热后再进行灌装。一旦填充过程完成，半流体包装机开始封口过程。	适用于各类酱体、酱料、调味料、油料等，如食用酱、火锅调料酱、烘焙沙拉酱、果粒酱、食用果酱、烘焙果酱、花生酱、麻辣酱、番茄酱等。
55	杀菌	高温杀菌	蒸汽杀菌釜	利用高温蒸汽进行杀菌，将水加热并产生蒸汽，把蒸汽加压并保持在一定的压力范围内，迅速传导热量，有效杀死大部分微生物。	适用于不易变形、金属类包装的产品（含非汤类真空铝箔包装）；对热量极度不敏感的内容物；不适合杀菌透明软包装（变形+卷边、玻璃瓶包装（爆瓶）、PP/PE类含气包装（汽气混合除外）。

续表

序号	环节	程序	设备名称	工作原理	应用场景
56	杀菌	高温杀菌	水浴杀菌釜	利用高温和高压的热水或者蒸汽进行杀菌处理。设备内部通常设有加热装置和保温层，可以提供恒定的温度环境以便于杀菌。同时，内部的压力也能确保水的沸点提高，从而提高杀菌效果。	适用于软包装类产品，部分PP/PE饮品；对热量较不敏感的内容物；对压力控制要求比较低的产品；不适合马口铁、玻璃瓶、含气类包装。
57	杀菌	高温杀菌	喷淋调理杀菌釜	注入少量工艺用水，达到预定位置（不能浸泡产品），通过高效循环泵—过滤器—高效换热器将水注入喷淋管道，然后通过喷淋嘴将热水喷射出雾化状至食品表面，锅内热量分布均匀，无杀菌死角。水通过换热器进行加热和冷却，升温和冷却速度迅速，能高效、全面、稳定的对产品进行杀菌。	食品行业的万能杀菌釜，可以做高端类产品，还可以调节各阶段的工艺细节参数；不限包材；对热量不敏感及相对敏感的内容物不限制；除火腿肠及1kg以上密度较大的产品以外均可满足。
58	杀菌	辐射杀菌	微波食品杀菌机	利用微波的高频振动特性，使食品内部微小分子的振动加剧，摩擦发热，从而将热量快速传递至整个食品中，达到杀菌的目的。	适用于不宜进行加热、熏蒸、湿煮处理的食品。

续表

序号	环节	程序	设备名称	工作原理	应用场景
59	辐射杀菌	高压杀菌	高压灭菌锅	利用高压水蒸气对食品进行杀菌处理,达到延长食品保质期的目的。	广泛适用于肉类、乳制品、水产品、蔬菜等食品。
60	质量检测	金属检测	金属检测仪	采用高速数字信号处理器件和智能算法,检测食品中的金属,采用高速数字信号处理器件和智能算法,提高了检测精度和稳定度。	适用于冷冻食品(如水饺、冷冻鱼)、肉类、大米、腌制品等食品。
61	质量检测	异物检测	X光异物检测机	通过设备产生X射线并应用X射线的穿透能力,检测混在产品中的金属异物以及密度较大的非金属异物等。	适用于各种肉类制品、水产品、果蔬、添加剂、奶粉、巧克力等。
62	质量检测	自动称重	自动分选检重称重机	基于重量传感器和机器视觉技术来实现自动分选和称重功能。它由一个或多个重量传感器组成,可以精确地测量食品的重量,并将重量数据传输到控制系统中。控制系统根据预设的参数对重量数据进行比较和分析,根据不同食品的重量差异进行自动分选和称重。同时,机器视觉技术可以辅助检测食品的大小、形状等特征,进一步提高分选和称重的精确度。	适用于对水果、蔬菜、肉类等食品进行自动分选和称重。